# 크리에이티브 어프로치:
## 카피라이터의 생각법

# 크리에이티브
# 어프로치:
## 카피라이터의 생각법

초판 1쇄 발행 2025. 5. 30.

**지은이** 김민철
**펴낸이** 김병호
**펴낸곳** 가넷북스

**편집진행** 김재영
**디자인** 최다빈

**등록** 2019년 4월 3일 제2019-000040호
**주소** 서울시 성동구 연무장5길 9-16, 301호 (성수동2가, 블루스톤타워)
**대표전화** 070-7857-9719 | **경영지원** 02-3409-9719 | **팩스** 070-7610-9820

• 가넷북스는 여러분의 다양한 아이디어와 원고 투고를 설레는 마음으로 기다리고 있습니다.

**이메일** garnetoffice@naver.com | **원고투고** garnetoffice@naver.com
**공식 블로그** blog.naver.com/garnetbooks
**공식 포스트** post.naver.com/garnetbooks | **인스타그램** @_garnetbooks

ⓒ 김민철, 2025
**ISBN** 979-11-92882-23-9 03320

• 파본이나 잘못된 책은 구입하신 곳에서 교환해드립니다.
• 이 책은 저작권법에 따라 보호를 받는 저작물이므로 무단전재 및 복제를 금지하며,
이 책 내용의 전부 및 일부를 이용하려면 반드시 저작권자와 도서출판 가넷북스의 서면동의를 받아야 합니다.

김민철 지음

# 크리에이티브 어프로치:
# 카피라이터의 생각법

creative
approach

잘 팔리는 문장, 기억에 남는 한 줄은 어떻게 만들어지는가?

# 목차

**프롤로그**
크리에이티브 근육을 단련하는 방법

---

# 1부
# 크리에이티브의 출발선

크리에이티브 어프로치 1.
### 손에 잡히는 구체성 ········· **16**

크리에이티브 어프로치 2.
### 타깃을 재해석하는 안목 ········· **26**

크리에이티브 어프로치 3.
### 뺄 수 있는 용기 ········· **36**

크리에이티브 어프로치 4.
### 문화 예술과의 결합 ········· **43**

## 2부
## 낙차가 만드는 크리에이티브

크리에이티브 어프로치 5.
**기존의 가치 위에
새로운 가치를 결합하라 - Classic with a twist** ······· **54**

크리에이티브 어프로치 6.
**어깨에 힘을 빼고 진정성을 드러내라** ······· **60**

크리에이티브 어프로치 7.
**상처도 별이 된다. 결점을 드러내라** ······· **68**

크리에이티브 어프로치 8.
**새로운 인사이트로 접근하라** ······· **78**


## 3부
## 크리에이티브의 기술

크리에이티브 어프로치 9.
**소리로 연인이 되어라** ······· **88**

크리에이티브 어프로치 10.
**사람을 이야기하라** ······· **101**

크리에이티브 어프로치 11.
**아픈 손가락 건드리기** ······· **110**

크리에이티브 어프로치 12.
**숫자에 기대어 보자** ······· **118**

크리에이티브 어프로치 13.
**밈(Meme)을 무기 삼아라** ······· **125**

# 4부
# 크리에이티브 단련하기

크리에이티브 어프로치 14.
**어떻게 쓸 것인가 - 크리에이티브 라이팅** ········ **134**

크리에이티브 어프로치 15.
**제대로 질문하라 - 질문력** ········ **141**

크리에이티브 어프로치 16.
**크리에이티브의 해답을 찾는 일**
**- 보편성과 특수성의 조화** ········ **150**

# 5부
# 라이프스타일과 크리에이티브

크리에이티브 어프로치 17.
**라이프스타일이 크리에이티브가 된다** ·········· **162**

크리에이티브 어프로치 18.
**네가 서 있는 곳을 사랑하라** ·········· **170**

크리에이티브 어프로치 19.
**멈춤이 성장을 이끈다** ·········· **175**

크리에이티브 어프로치 20.
**한계에서 크리에이티브가 시작된다** ·········· **181**


**에필로그**
크리에이티브, 작은 것을 내어놓는 일

프롤로그

# 크리에이티브 근육을
# 단련하는 방법

 노출 콘크리트 기법으로 유명한 일본인 건축가 안도 다다오에게는 특이한 이력이 있다. 바로 권투선수 출신이라는 것이다. 운동선수 출신이라서 그런지 창의력도 근육처럼 단련시킬 수 있다고 말한다. 창의력을 단련시키려면 어떻게 해야 할까? 답하기 어려운 문제이지만, 여기에 대해 크리에이티브 분야의 사람들이 일반적으로 하는 답이 있다. 바로 창의적인 작품들을 많이 보라는 것이다. 창의적인 작품들을 많이 접하고 감상하다 보면 창의성이 올라간다는 것이다. 전적으로 맞는 말이다. 창의적인 작품들을 많이 보고 접하는 것만으로도 창의성 향상에 큰 도움이 될 것이다.

네덜란드 고흐 미술관 정원에는 'Go to the museum as often as possible'이라는 글귀가 적혀 있다. 가능하면 자주 뮤지엄에 가라는 뜻이다. 실제로 내가 아는 작가 중 한 명은 일 년에 삼백 번 정도 전시회를 간다고 하니 창의적인 작품을 많이 접하는 것은 창의성을 향상하고 안목을 키우는 데 도움을 주리라 생각한다.

그렇다면 그것으로 충분할까? 창의성과 관련된 강의를 하고, 실제로도 직업에 크리에이티브라는 단어가 들어가는 사람으로서 어떻게 하면 사람들의 창의성을 향상시킬 수 있을지에 대해 늘 고민하곤 한다. 고민 끝에 내리는 결론은 창의성을 향상하는 데 있어서 가장 중요한 것은 무엇보다 결국 '삶을 대하는 태도'라는 것이다. 우리가 일상 속에서 경험하는 것과 사물을 어떻게 바라보고 어떻게 대하느냐 하는 것이 크리에이티브한 삶을 살게 하는 데 큰 도움이 된다고 생각한다.

안도 다다오는 위대한 작품이나 경이로운 자연을 접하게 되면 이런 말을 했다고 한다. "살아 있길 잘했다". 어떤 작품에 감동할 때 '살아 있길 잘했다'라는 생각을 하고 혼잣말로 그렇게 내뱉곤 했다는 것이다. 살아 있길 잘했다는 말은 대상물에 대한 감탄과 삶에 대한 사랑이 담긴 말이다. 이러한 감탄과 사랑이 바로 크리에이티브를 키우는 힘이 아니었을까.

### "살아 있길 잘했다"

앙드레 지드는 《지상의 양식》에서 그대의 눈에 비친 모든 것이 순간마다 새롭기를 바란다며 지혜로운 사람이란 모든 것에 감탄하는 사람이라고 말했다. 접하는 대상을 허투루 보지 않고 사랑의 마음을 가지고 바라보는 사람이 지혜로운 사람이라는 것이다.

광고계 박웅현 크리에이티브 디렉터(CD)가 많이 인용해 유명해진 사서삼경(四書三經) 중 《대학》에는 다음과 같은 구절이 나온다. 시이불견 청이불문(視而不見 聽而不聞)이다. 보아도 제대로 보지 못하고, 들어도 제대로 듣지 못하니 자세히 보고 자세히 듣는 게 중요하다는 뜻이다. 하지만 여기서 더 중요한 것은 시이불견 청이불문이라는 말 위에 나오는 심부재언(心不在焉)이라는 표현이다. 심부재언은 '마음이 없다면'이라는 뜻으로 연결해서 보면, 마음이 없다면 보아도 보지 못하고 들어도 듣지 못한다는 말이다. 대상물에 대한 마음이 없고 삶에 대한 애정이 없다면 어떤 것에서 어떤 점도 느낄 수 없다는 것이다.

우리나라 조선시대 문인 유한준도 비슷한 말을 했다. "사랑하면 알게 되고 알게 되면 보이나니 그때 보이는 것은 이전과 같지 않더라". 아는 만큼 보인다고 하지만 그 대상물을 사랑하지 않으면 그것을 제대로 느낄 수 없을 것이다. 우리 모두가 일상에서 더 많은 것을 사랑하고, 경험하고, 감탄하는 삶을 살아가길 바란다. 그것이 우리가 가지고 있는 크리에이티브 소양을 높이는 가장 기본이기 때문이다.

이 책에서는 크리에이티브 소양을 높이는 본질적인 방법과 함께 실무적으로도 도움을 줄 수 있는 '크리에이티브 어프로치'에 대해 소개해 보려 한다. 크리에이티브 어프로치란 창의성에 대한 접근법이라 할 수 있다. 말 그대로 크리에이티브한 아이디어에 어떻게 접근하는지에 관한 것이다. 크리에이티브의 소양을 쌓는 방법이 일상을 잘 살아가는 것이라면, 크리에이티브 근육을 키우고 정교화하는 방법이 바로 이 크리에이티브 어프로치에 대해 알고 훈련하는 것이다.

## "크리에이티브 차이는
## 어프로치의 차이다"

"크리에이티브 차이는 어프로치의 차이다"라는 말은 선배 광고인과의 대화에서 나온 말이다. 어떤 방식으로 아이디어를 낼지 모를 때 어프로치(접근법)를 달리한다면 그것만으로도 수준 높은 크리에이티브에 도달하게 될 때가 있다. 실제로 어워즈에서 상을 받은 퀄리티 높은 크리에이티브 결과물을 살펴보면 대단한 아이디어라기보다는 어프로치가 다른 결과물들이었다.

지난 20년간 정부와 광고회사에서 수많은 크리에이티브 작업에 참여해 왔는데, 매 순간 새 프로젝트가 시작할 때마다 답을 찾는 일은 쉬운 일이 아니었다. 매번 끙끙거리고 괴로워할 때가 많았다. 그리고 때론 실패하기도 했다. 아이디어를 생산하는 일에는 해산의 고통이 따른다고 한다. 직접 겪어본 일이 없어 그것이 어느 정도인지는 모르겠지만 아이를 낳는 일과 아이디어를 낳는 일은 둘 다 어려운 일인 것에는 틀림이 없어 보인다.

'무작정 땅을 파기보다는 도구를 가지고 땅을 팔 수는 없을까. 지도는 없어도, 나침반은 가지고 시작할 수는 있지 않을까' 생각해 봤다. 또 크리에이티브 디렉터이자 학생들을 가르치는 사람으로서 후배 크리에이터들이나 학생들에게 작은 도움을 주고 싶은 마음도 컸다. 이런 고민 끝에서 생각을 정리한 것이 크리에이티브 어프로치에 관한 이 책이다. 어프로치(접근법)만 달리해도 크리에이티브한 아이디어를 만들어 내는 데 도움이 된다.

이 책은 실제 현업에서 겪었던 경험을 바탕으로 도움이 되는 내용을 정리한 것이다. 새로운 내용도 있고 익숙한 내용도 있을 것이다. 여기에서 소개하는 크리에이티브 어프로치가 시작하는 크리에이터, 그리고 크리에이티브에 대한 해답을 찾는 이들에게 도움이 되기를 바란다.

creative
approach

1부

# 크리에이티브의
# 출발선

**크리에이티브 해답을 찾는 일의 시작**

생각의 방향을 잡는 감각, 타깃을 재해석하는 안목, 불필요한 것을 덜어내는 용기.
이 기본기들이 탄탄할수록 아이디어는 더 멀리, 더 깊이 나아갈 수 있다.

크리에이티브 어프로치 1.

# 손에 잡히는 구체성

**첫 번째 창조작업, 네이밍**

아담은 동물들의 이름을 지어주었다. 이름 짓기는 어쩌면 인간의 가장 첫 번째 창조작업이었을지 모른다. 그래서일까. 네이밍은 크리에이티브의 출발점이 되는 경우가 많으며, 때로는 네이밍 자체가 곧 크리에이티브의 완성형이 되기도 한다.

사람들은 이름 짓는 것 자체를 즐긴다. 아이가 태어나기 전부터 태명을 지으면서 다가오는 생명체에 대한 기대감으로 설레고, 그 이름을 불러주며 뱃속 태아와 관계를 맺어간다. 사업을 시작하는 사람들은 어떨까. 백

번도 넘게 브랜드 이름을 지었다 고쳤다 하면서, 우리 브랜드가 소비자에게 어떤 인상을 가져다줄지 고민하고 또 고민한다. 맘에 들었던 이름도 고객에게는 어떻게 들리는지, 이름만으로 우리 제품을 연상할 수 있는지 계속 생각한다. 어쩌면 로고 제작에 들어가는 그 순간까지도 고민이 멈추지 않을 것이다. 책을 낼 때도 책 제목은 큰 관심거리 중 하나이다. A안, B안, C안을 만들고 그중에서 가장 적합한 이름은 무엇인지 묻고 또 묻는다. 이처럼 이름 짓기는 창조작업의 시작점부터 창조행위가 진행되는 중에도 계속 이어지며, 창조물이 세상에 나올 때까지 끝나지 않는 연속되는 작업일 것이다.

여기에서는 창조작업의 시작점이라 할 수 있는 네이밍을 들여다보며, 크리에이티브가 탄생하기 위한 첫걸음과 그 필수 조건은 무엇인지 살펴보고자 한다.

**미녀는 석류를 좋아해**

롯데칠성의 미녀는 석류를 좋아해 론칭 캠페인을 담당한 적이 있다. '미녀는 석류를 좋아해'의 성공 요인은 무엇이었을까. 이준기의 모델 파워일 수도 있고, 자꾸만 귀에 맴도는 지금까지 사람들이 기억하는 중독적인 CM송 때문일 수도 있지만, 네이밍에서 이미 모든 게 결정이 난 승부라고 봐도 무방하다. 그만큼 네이밍이 강력했기 때문이다.

당시에는 롯데칠성의 전성기였다. '2% 부족할 때'를 비롯해 새로 출시하는 음료마다 소비자들의 반응을 끌어내는 데 성공적이었고 매해 매출도 기하급수적으로 증가하였다.

기획 본부에서 우리 크리에이티브팀을 찾아왔다. 새로운 석류 음료를 론칭하게 되었다며 우선 네이밍부터 크리에이티브팀에서 만들어 달라고 요구했다. 사실 네이밍은 광고대행사의 영역이 아니다. 새로 나온 신제품을 광고할 때가 많지 않고, 신제품이라 하더라도 네이밍은 브랜딩 회사와 광고주가 미리 시장 조사를 통해 만들어 올 때가 많기 때문이다. 하지만 이번에는 네이밍부터 광고회사 크리에이티브팀인 우리에게 미션이 주어졌다.

나는 평소에도 네이밍에 관심이 많아서, 네이밍부터 시작하는 이번 프로젝트에 흥미가 생겼고, 좋은 브랜드 네임을 만들기 위해 수백 개의 네이밍을 생각해 냈다. 나와 동기 카피라이터, 그리고 카피라이터 출신인 CD님이 함께 고민하며 브랜드 네임이 담긴 수백 장의 종이를 벽에 붙였다. 우리 팀의 원픽은 슬로건 스타일의 '미녀는 석류를 좋아해'였다.

소비자의 마음을 잡아끄는 이름을 짓기 위한 여러 고민이 더 있었지만, '미녀는 석류를 좋아해'처럼 문장형의 네이밍을 짓자는 데에는 처음부터 의견일치를 보았다. 처음 브랜드 네임을 제시했을 때 기획팀의 첫 반응은 난감함이었다. 한마디로 너무 길다는 것. 우리는 '2% 부족할 때'도 길었지만 성공한 네이밍이었다고 설득했다. 기획 본부장은 네이밍이 좋긴 하지만, 모든 음료의 네이밍이 전부 다 그렇게 길게 문장형으로 갈 수는 없다고 하였다.

하지만 우리 팀에서는 성공할 수 있다며 확신에 차서 밀어붙였고 결국 이 네이밍을 관철시켰다. 그 후에도 성공한 캠페인을 만들기 위해 제대로 준비하자며 서로를 격려했다. 사실 당시 이렇게까지 대박을 터트릴 거라고 예상하지는 못했는데 이 캠페인은 CM송과 함께 성공한 캠페인이 되었다. 광고가 집행될 당시 태어나지도 않았었던 학생들도 '미녀는 석류를 좋아해' 광고는 알고 있다. 여러 가지 요인이 함께 시너지를 낸 작품이었겠지만 무엇보다도 네이밍이 신의 한 수였다고 생각한다.

### 구체적이고 그림이 그려지는 크리에이티브

크리에이티브의 핵심은 소비자의 머릿속에 명확한 그림을 남기는 것이다. 성공적인 네이밍이나 광고는 단순한 단어의 조합이 아니라, 소비자가 직관적으로 이해하고 연상할 수 있는 구체적인 이미지와 감각을 전달해야 한다.

다시 생각해 봐도 잘 꿰어진 단추라고 생각되는 '미녀는 석류를 좋아해' 네이밍의 성공 요인은 무엇일까. 첫 번째로, 이 브랜드 네임은 명확성을 가지고 소비자들의 호기심을 잡아끈다. 요즘에는 석류가 비타민이 풍부해서 콜라겐 생성을 도와 피부 건강에 도움을 준다는 내용이 잘 알려져 있지만, 당시만 해도 석류에 대해서 그렇게까지 생각하는 소비자들이 많지 않았다. 또 처음 출시하는 석류 음료라서 이것을 왜 마셔야 하는지 이유를 모르는 소비자가 많았다. 그런데 '미녀는 석류를 좋아해'라는 슬로건 형식의 이 브랜드 네임은 '미녀들이 석류를 좋아한다고?' 하며 호기심을 던져 브랜드에 궁금증을 갖게 만든다. 또 미녀는 곧 석류라는 메시지를 명확히 각인시켰다. 처음 출시하는 신제품에는 소비자의 관심이 매우 필요한 요소인데, 브랜드 네임이 불러일으키는 호기심과 강한 인상이 소비자들의 관심을 모아주고 명확하게 브랜드를 각인시킨 것이다.

두 번째로 이 네이밍은 구체적인 심상을 떠올리게 한다. 더 자세히 이야기하면 네이밍에서 타깃이 명확하게 설정되어 있고, 미녀와 석류라는 키워드에서 이미지, 곧 심상이 떠오르며, 마시고 난 후의 효능감이 느껴진다. 어쩌면 '미녀는 석류를 좋아해'는 네이밍 자체가 한 편의 잘 짜인 광고라고 할 수 있다. 이처럼 소비자의 머릿속에 손에 잡히듯 명확한 이미지가 그려지는 네이밍이야말로 강력한 크리에이티브가 될 수 있다.

크리에이터들은 아이디어를 제시할 때 아이디어가 텐저블(Tangible)하느냐 그렇지 않으냐 하는 말을 하며 아이디어를 평가한다. 이 말은 손에 잡히는 심상이 그려지는지 그렇지 않은지를 말하는 것이다. 크리에이티브의 결과물에서 손에 잡히는 심상이 느껴진다면 그것은 이미 절반 이상의 성공을 이룬 셈이다. 손에 잡히듯 구체적인 이미지가 느껴진다면 소비자들은 그 크리에이티브를 통해 대상물과 연결될 수 있기 때문이다.

### 네이밍의 3요소

네이밍의 3요소에는 의미, 발음, 외형이 있다. 의미는 브랜드 네임이 담고 있는 핵심 메시지를 말하며, 발음은 그 이름이 어떤 소리로 들리느냐 하는 것이다. 외형은 글자형태나 디자인적 관점을 포함한다. 만드는 사람 입장에서는 의미에 많은 노력을 쏟아붓는다. 대부분의 창작자나 기업가들은 본인들이 내세우고 전달하고 싶은 확고한 뜻이 있기 마련이고 그 의미를 어떻게 잘 담아내느냐에 많은 힘을 기울인다.

반면 소비자 관점에서는 발음이 중요하다고 여겨진다. BTS가 방탄소년단이든 Beyond The Scene이든 중요하지 않다. BTS는 BTS로 들린다. 발음이 중요한 이유는 우리가 주고받는 발음에서 어떤 심상이 떠오르기 때문이나. 어떤 단어는 부드럽게 들리고 어떤 같은 단어는 날카롭게 들린다. 어떤 단어는 뭉뚝하게 들리고 어떤 단어는 뾰족하게 들린다. 예를 들어 '바우'라는 단어는 '케키'라는 단어에 비해 뭉뚝하게 들리고 케키는 뾰족하게 들린다. 단어 끝에 S가 붙으면 스피드가 느껴지기도 한다. 브랜드 네이밍에서도 이러한 발음적 특성이 소비자의 무의식적인 인식에 영향을 미친다.

아난티 호텔로 유명한 레저 전문 기업 아난티의 이민규 대표는 회사 이름 아난티에는 아무 뜻도 없다고 답한다. 이름에 아무 뜻도 없어서 선입견이 생기지 않도록 하고 이름 뜻에 갇히고 싶지도 않다고 한다. 단지 기억하기 쉽고 발음하기도 쉬운 이름을 택했고 알파벳 A로 시작하는 이름 중에서 택했다고 한다. 발음을 통해 떠오르는 심상을 중요하게 생각한 네이밍 사례이다.

## 구체적이고 명확한 그림을 남겨라

구체적인 아이디어가 아닌 뻔한 내용을 말할 때 광고계에서 쓰는 말이 바로 '새 날아가는 소리 하지 말라'는 이야기다. 새가 날아갈 때 내는 소리는 어떤 의미를 담고 있지 않다. 따라서 이 말은 의미 없는 뻔한 이야기를 하지 말라는 뜻으로 쓰인다. 방송계에서는 '쌀로 밥 짓는 소리'라는 말을 한다고 한다. 이 말 역시 의미 없는 이야기는 하지 말자는 의미에서 사용되는 말이다. 새 날아가는 소리든, 쌀로 밥 짓는 소리든 의미 없는 이야기나 구체성이 없는 이야기를 하지 말고 손에 잡히는 구체성이 느껴지는 아이디어로 접근해야 할 것이다.

이처럼 크리에이티브에 있어서 무엇보다도 가장 중요한 것은 소비자의 머릿속에 명확한 그림을 남기는 것이다. 결과물에서 구체적인 이미지나 연상을 전달한다면 성공한 크리에이티브라 할 수 있다. '2%로 부족할 때'나, '미녀는 석류를 좋아해'가 성공한 크리에이티브로 남을 수 있었던 것은 그 네이밍이 문장으로 이루어졌느냐, 혹은 단어로 이루어졌느냐의 문제가 아니다.

강력한 심상을 남겼고 그 심상이 소비자와의 관계 맺기를 시작했기 때문이다. 구체성을 가지고 타깃의 머릿속에 그림을 남기는 것. 이것이 모든 크리에이티브의 시작이자 출발점이다.

크리에이티브 어프로치 2.

# 타깃을
# 재해석하는 안목

**오길비의 헤더웨이 셔츠 광고**

고전 광고 중에 광고의 아버지라 불리는 데이비드 오길비의 헤더웨이 셔츠 광고가 있다. 광고 헤드라인은 헤더웨이 셔츠를 입은 남자다. 깐깐해 보이는 안대를 쓴 남자가 헤더웨이 셔츠를 입은 모습을 비주얼에서 보여주고 있는데, 수백 건의 패러디가 등장할 만큼 널리 회자됐다. 사실 이 광고의 타깃은 남자가 아니라 주부였다고 한다. 당시 와이셔츠의 주 구매층은 남자가 아니라 주부였고, 그래서 주부를 타깃으로 이 광고를 집행했다고 한다. 뭔가 깐깐해 보이는 전역 장교 같은 이미지도 주부를 대상으로 했기 때문에 더 주효했을 것이다. 사용자와 구매자를 구분해서 접근한 고전적인 광고 사례라 할 수 있다.

헤더웨이 셔츠를 입은 남자 - 데이비드 오길비 作

이처럼 크리에이티브 작업을 할 때는 주어진 타깃 안에서 움직이기보다는 타깃을 재해석하는 안목이 필요하다. 여기서는 더 효과적인 크리에이티브를 위해 타깃을 재설정하는 방법에 대해 살펴보자.

### 글루코사민 광고

롯데 헬스원 글루코사민 광고를 만든 적이 있다. 요즘에는 무릎 건강에 콘드로이친이 중요하다고 말하고 있고, 콘드로이친 광고가 그렇게도 많이 나오지만 얼마 전까지만 해도 무릎에는 글루코사민이 대세였다.

TV 광고는 아니었고, 지면 광고였다. 어떤 콘셉트를 잡아야 할지, 어떤 아이디어로 접근해야 할지 함께 의논을 많이 했다. 그러나 의료광고법 제한으로 인해 '글루코사민이 관절 건강에 도움을 드립니다' 정도로 표현할 수밖에 없었다.

의약품과 관련된 제품의 광고는 법에 따라 엄격한 제

재를 받는다. 그 부작용의 심각성이 크기 때문이다. 건강기능식품의 경우 실제적인 약효를 명시적으로 표현할 수는 없다. 예전에 히트했던 광고 중에 '남자한테 정말 좋은데, 달리 표현할 방법이 없네'라는 한 건강기능식품의 광고가 있다. 약효가 너무 좋아 달리 표현할 방법이 없다는 것이 아니다. 의료광고법 때문에 약효를 직접 표현하지 못하는 고민을 그대로 광고로 만들어 의료광고법도 피해 가고 오히려 소비자에게 재밌는 크리에이티브로 인식된 경우다. 이처럼 법이나 시장 상황의 한계 때문에 오히려 돋보이는 크리에이티브로 발전한 사례의 광고를 많이 볼 수 있는데, 롯데 헬스원 글루코사민도 그런 색다른 접근법이 필요한 상황이었다.

### 타깃을 달리해서 접근해 보자

소비자에게 제품의 특장점을 직접적으로 어필할 수 없다면 어떤 방법으로 접근해 볼 수 있을까. 논의 끝에 우리는 타깃을 구분해서 생각해 보기로 했다. 건강기능식품의 경우 제품을 사용하는 사람과 제품을 구매하는 사람이 다른 경우가 많다. 어떤 사람은 그 제품을 사지만, 어떤 사람은 그 제품을 먹지 않고 선물한다. 오히려 제품을 복용하는 사람은 다른 사람일 때가 많다. 마케팅에서는 그것을 컨슈머와 커스터머로 구분한다. 컨슈머가 제품을 사용하는 사람이나 구매하는 사람을 모두 포함하는 넓은 개념이라면, 커스터머는 실제로 제품을 구매하는 사람을 지칭하는 보다 좁은 개념이다.

건강기능식품을 구매하는 사람은 누구이고 실제로 그 제품을 복용하는 사람은 누구일까? 대부분 건강기능식품은 가족이 구매하고 실제 그 약을 복용하는 사람은 부모님이나 아이들 혹은 아내나 남편이 될 때가 많다. 다시 말해 구매는 가족이나 친척 혹은 감사를 표현하고 싶은 사람이 하지만 복용은 감사의 대상, 다시 말해 그 제품을 선물받은 다른 가족이 하는 경우가 많다는 것이다.

**어머니는 계단이 싫다고 하셨어**

생각이 여기에 이르자 나는 어머니가 생각났다. '우

리 어머니는 평소에 무릎이 많이 아프다고 하셨는데… 계단을 내려가기 싫다고 하셨는데… 어머니에게 글루코사민을 사드리면 좋겠구나' 하고 생각했다. 그렇다면 메인 타깃은 누구인가. 어머니가 아니라 어머니를 생각하는 자식들이 메인 타깃일 수 있겠네?

  이런 생각으로 아이디어를 만들어 봤다. 그리고 카피를 비주얼로 표현했고 비주얼 카피를 '어머니는 계단이 싫다고 하셨어'로 잡았다. 어머니는 짜장면이 싫다고 하셨어 패러디로 이 카피를 생각했던 건 아니다. 그냥 평소에 어머니가 하셨던 말을 카피로 잡았다. 계단을 볼 때마다 생각났던 계단이 싫다고 하셨던 어머니의 그 말씀을 아이디어로 승화한 것이다. 노래 가사와 비슷해서인지 카피에 말맛도 생겼다. 그 당시에 나는 그 카피를 가지고 계단처럼 보이게 디자인해서 크리에이티브 팀 회의 시간에 섬네일을 가져갔다. 복용자를 대상으로 하지 않고, 구매자를 대상으로 아이디에이션했던 것이 좋은 결과물로 이어졌다.

어머니는 계단이 싫다고 하셨어
어머니는 계단이 싫다고 하셨어
어머니는 계단이 싫다고 하셨어
어머니는 계단이 싫다고 하셨어
어머니는 계단이 싫다고 하셨어
어머니는 계단이 싫다고 하셨어
어머니는 계단이 싫다고 하셨어
어머니는 계단이 싫다고 하셨어
어머니는 계단이 싫다고 하셨어

이런 식으로 활자의 크기를 다르게 해서 계단처럼 보이게 했더니 본격적인 디자인 작업 전인 섬네일에서도 아이디어가 더 살아나 보였다. 당시에《월간 디자인》이라는 매거진의 광고 비평에서도 해당 광고를 칭찬해 주었던 기억이 난다. 이 아이디어를 선택했던 광고주에 대한 칭찬도 이어졌다.

제품 타깃과 커뮤니케이션 타깃은 다를 수 있다. 제품 타깃을 직접 공략하기 어렵거나 덜 효과적이라고 판단될 때 그 제품 타깃과는 다른 커뮤니케이션 타깃을 정해 메시지를 전달해 보자. 때로는 제품 타깃과 제일 가까운 사람, 혹은 제품 타깃을 아끼는 사람 또는 제품 타깃들의 준거집단이 커뮤니케이션 타깃이 될 수 있다.

또 실제 사용하는 사람이 아닌, 실제 사용하는 사람보다 더 젊거나 부유한 계층이 이미지 타깃이 될 수도 있다. 타깃을 세분화하고 달리해서 접근한다면 더 효율이 높아질 수 있을 것이다.

## 제품 타깃, 커뮤니케이션 타깃, 이미지 타깃의 차이

아이디어를 만들어 낼 때 제품 타깃, 커뮤니케이션 타깃, 이미지 타깃을 구분해서 생각해야 한다. 제품 타깃은 말 그대로 우리 제품을 구매해서 직접적으로 사용하는 대상이다. 직접적이긴 하지만 한정적일 수 있다.

반면 커뮤니케이션 타깃은 우리 제품을 판매하기 위해 어떤 대상에게 설명해야 하는지에 따라 달라진다. 보석을 사용하는 사람보다 보석을 선물하는 사람이 커뮤니케이션 타깃이 될 수 있고, 학습지도 제품을 실제로 이용하는 제품 타깃과 학습지 광고의 대상이 되는 커뮤니케이션 타깃(주로 학부모)이 다를 수 있다.

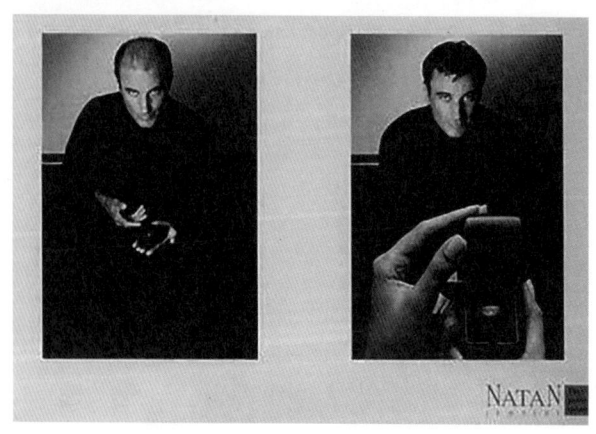

선물을 주는 사람을 타깃으로 한 보석 광고
- 선물을 받고 나니 남자가 더 잘생겨 보인다

그렇다면 이미지 타깃은 무엇일까? 실제 타깃들이 보여지고 싶은 이상적인 타깃을 이미지 타깃이라고 한다. 보다 젊어 보이고 싶은 40대에게 이미지 타깃은 40대가 아닌 30대일 수 있다. 실제로 광고들이 젊은 모델, 건강한 사람, 더 부유해 보이는 이미지를 담는 이유가 바로 이 이미지 타깃 때문이다.

이처럼 제품 타깃, 커뮤니케이션 타깃, 그리고 이미지 타깃은 서로 다를 수 있다. 따라서 이를 별도로 구분

하여 분석해야 한다. 또한 앞서 언급했듯이, 커스터머와 컨슈머 역시 다를 수 있으며, 이 또한 크리에이티브 작업 전에 반드시 재해석해야 할 요소다.

마찬가지로, 제품 콘셉트와 광고 콘셉트, 그리고 크리에이티브 콘셉트는 각각 다르다. 제품 콘셉트보다 광고 콘셉트가, 광고 콘셉트보다 크리에이티브 콘셉트가 더 명확하고 날카로워야 하듯, 커뮤니케이션 타깃 역시 단순히 시장 조사에서 도출된 범위에 머물러서는 안 된다. 클라이언트나 마케팅팀이 제시한 타깃을 그대로 수용하는 것이 아니라, 보다 정교하게 재해석하고, 우리가 원하는 크리에이티브가 가장 효과적으로 전달될 수 있는 타깃을 새롭게 설정하는 과정이 필요하다. 결국, 타깃을 단순히 찾는 것이 아니라, 타깃을 새롭게 정의하는 것이 크리에이티브 성공의 또 다른 필수 조건이다.

크리에이티브 어프로치 3.

# 뺄 수 있는
# 용기

**니들이 게 맛을 알아?**

'니들이 게 맛을 알아?' 광고는 인턴 시절 나에게 주어졌던 첫 번째 프로젝트였다. 뭘 할지 몰라 쭈뼛거리며 지냈던 인턴 시절, 롯데리아 크랩 버거 슬로건을 작성해 보라는 과제가 주어졌다. 니들이 게 맛을 알아라는 카피로 유명했던 롯데리아 크랩 버거 광고는 헤밍웨이의 《노인과 바다》를 패러디해서 광고를 만들었고, 한 어부 노인이 먼바다에 나가 생사를 넘나들며 사람보다 큰 킹크랩을 잡아 오는 장면을 그리고 있다. '니들이 게 맛을 알아'는 당시 전 국민에게 회자될 정도로 유명한 카피였다. 물론 작업 당시에는 이 카피가 이렇게나 유명해질지 모르고 있었다.

인턴 카피라이터였던 나에게 주어졌던 임무는, TV 광고에서 '니들이 게 맛을 알아'라는 카피가 읽히고 난 뒤 제품명인 롯데리아 크랩버거가 나오기 전에, 제품명과 카피 사이에 붙을 슬로건을 작성해 보라는 것이었다. 당시 나는 많이 고민했고 이 광고 콘티가 《노인과 바다》의 패러디인 것을 주목했다. 《노인과 바다》는 명작 소설 아닌가. 명작이라는 콘셉트로 슬로건을 만들어 보자라고 생각했고 여러 고민 끝에 최종적으로 작성했던 슬로건이 '버거의 명작'이었다.

지금이야 버거 역시 제대로 된 한 끼, 근사한 요리로 대접받지만, 그때만 해도 버거는 패스트푸드 그 이상도 이하도 아니었다. 패스트푸드에 명작이라는 슬로건이 붙어서 다소 이질감이 있었지만, 이 역시도 새로운 어프로치라 생각했다. '햄버거는 패스트푸드지만, 롯데리아는 패스트푸드 마저도 명작처럼 만든다. 그래서 광고 아이디어도 명작 소설인 어니스트 헤밍웨이의 《노인과 바다》에서 가져왔고, 이 버거가 탄생하기까지의 피나는 노력이 광고 스토리에도 비유적으로 담겨 있다. 그래서 우리는 크랩버거를 버거의 명작이라고 부른다'라는 접근이었다.

'니들이 게 맛을 알아? 버거의 명작, 크랩 버거'. 순차적으로 읽으면 왠지 말맛도 잘 붙는 것 같았다. 내심 기대했다. 이게 나의 첫 입봉작이 될까 하고. 하지만 인턴 기간이 지난 후 TV에서 온에어 된 광고를 봤을 때, 버거의 명작은 빠져 있었다. 다른 슬로건이 있었냐고? 다른 슬로건도 없었다. 15초라는 짧은 시간 때문이었을까. '니들이 게 맛을 알아? 크랩버거' 하면서 광고가 끝났다. 카피 플로우는 심플했다. 어쩌면 그래서 더 니들이 게 맛을 알아라는 카피가 살았는지도 모른다. 메인을 살리기 위해 메인만 남기고 다른 것은 뺀 그 광고는 최근에 다시 리메이크될 정도로 공전의 히트를 기록했다.

### 뺄 수 있는 용기

애플의 전 디자이너 조너선 아이브의 롤 모델이었던 디자인계의 대부 디터람스의 Less is better라는 디자인 철학은 비단 디자인에만 적용되는 것은 아니다. 크리에이티브는 집중이고, 한 가지에 집중하기 위해 다른 것을 빼는 것은 크리에이티브의 퀄리티를 높이는 데 도움이 된다.

> "필요할 때 그 자리에 있다가
> 필요 없을 때는 뒤로 물러납니다.
> 디자인에서 가장 중요한 것은 절제입니다"
> 
> - 디터람스

매거진 〈B〉의 편집자이자 카카오의 대표였던 조수용 씨는 요식업 사업도 여럿 진행하였는데, 카페 인테리어를 할 때, 그리고 디자인을 할 때 빼는 것이 중요하다고 한다. 크리에이티브의 영역은 무엇을 해서가 아니라, '와 저걸 빼다니' 할 때 드러나는 경우가 많다고 한다. 맘에 안 드는 부분을 다 걷어내고 내가 원하는 것, 본질적인 것을 구체적으로 채울 때 크리에이티브가 시작된다고 말한다. 디자인이든 기획서든 브랜딩이든 가장 본질적인 부분만 남기고 나머지 부분은 빼는 것에 용기를 내어보자. 작품의 완성도가 훨씬 더 높아질 것이다.

**버리는 것 또한 더하는 것이다**
**- 리버스 그라피티**

바스키아의 작품들로 우리에게 더욱 친숙한 그라피티. 이탈리아어로 긁다, 긁어서 새기다라는 어원을 가진 그라피티는 거리예술의 한 장르로서 벽에 스프레이를 뿌려 그림을 그리는 방식으로 작품을 표현해 낸다.

분명 예술의 한 장르이지만, 거리, 벽, 공공장소 등 장소를 가리지 않는 작업으로 인해 사회문제가 되기도 하였고, 그로 인해 어떤 이들은 그라피티를 그저 거리를 어지럽히는 지저분한 낙서로만 여겨지기도 한다.

　그라피티에서 출발했지만, 그것을 더 창조적으로 승화시킨 작업 중에 리버스 그라피티라는 장르가 있다. 리버스 그라피티는 벽에 스프레이를 뿌리는 방식이 아닌, 벽에 쌓인 먼지를 지우는 방식으로 그림을 그려나간다. 남아프리카 공화국 예술가 더치잉크의 작품은 대기오염과 먼지로 까맣게 변색된 벽의 때를 벗겨내는 방식으로 날아가는 새들을 표현해 내고 있다. 폴 커티스의 작품은 미국 샌프란시스코 거리의 벽에 묻은 찌든 때를 벗겨내어 나무와 숲을 표현했다.

　리버스 그라피티는 영국의 벽화예술가 폴 커티스에 의해 처음 시작되었고, 지금은 많은 작가들이 그 작업에 동참하고 있다고 한다. 화학 물감을 사용하지 않고, 벽면, 길바닥, 터널 등 먼지가 쌓이거나 공해로 변색된 부분을 철 솔이나, 강력한 에어로 먼지를 제거해 그림을 그려 넣는 방식으로 작품을 완성시킨다. 최근에는 길거리 바닥에 강력한 압력의 물이나 에어로 먼지를 제거해 특정 글자가 보여지게 만들어 브랜드를 광고하는 방식도 있다. 리버스 그라피티를 통해 지우는 것, 없애는 것 또한 창조의 한 영역이라는 것을 다시 한번 생각해 본다.

크리에이티브 어프로치 4.

# 문화 예술과의 결합

### 피천득의 《인연》

 핸드폰 없는 세상을 상상해 보라. 내가 공채로 입사했던 광고회사 입사시험 문제 중 하나이다. 분량 제한은 없고, 장르도 자유였다. 지금도 광고회사 TBWA가 인문학적 지식과 철학적 깊이를 묻는 시험 문제를 자주 출제하는 것으로 유명하지만, 당시에도 대행사 입시 문제엔 정해진 답이 없는 문제, 지원자의 크리에이티브 역량을 살펴보려고 하는 문제가 자주 출제되곤 했었다. 핸드폰이 없는 세상은 어떤 세상일까. 어떤 불편함이 있을까. 그리고 어떤 현상들이 펼쳐질까. 이런 것들을 정리해서 써내면 남들보다 좋은 점수를 받을 수 있을까. 무엇보다 공학 전공자도 아니고, 사회학 전공자도 아니어서 현상을 설명하는 것이라면 잘 써 내려갈 자신이 없었다.

문득 좋아했던 책 한 권이 떠올랐다. 피천득의《인연》이다. 피천득은 수필집《인연》에서 아사코와의 인연을 다음과 같이 그렸다. "그리워하는데도 한 번 만나고는 못 만나게 되기도 하고, 일생을 못 잊으면서도 아니 만나고 살기도 한다. 아사코와 나는 세 번 만났다. 세 번째는 아니 만났어야 좋았을 것이다"라고 했다. 핸드폰이 없었기에 가능한 인연이 아니었을까. 평소에 좋아하는 수필이라 저 구절을 외우고 있었고, 핸드폰이 없는 세상이 된다면, 피천득과 아사코의 인연처럼 그리워하는 사람들을 그리워하며 살고 싶다고 적었다. 이로 인해 합격했으니까 피천득의《인연》이 어쩌면 나와 광고계의 인연을 만들어 준 문학작품이라고 할 수 있다.

"그리워하는데도 한 번 만나고는 못 만나게 되기도 하고,
일생을 못 잊으면서도 아니 만나고 살기도 한다.
아사코와 나는 세 번 만났다.
세 번째는 아니 만났어야 좋았을 것이다"

## 시청 앞 광장의 '나를 잊으셨나요?'

예술은 사람들에게 감동을 불러일으킨다. 그래서 힘이 있다. 크리에이티브도 예술 작품과 연결될 때 힘을 갖게 되는 경우가 많다. 내 경험에서도 프로젝트를 예술과 연결해서 광고 크리에이티브로 발전시킨 경험은 자주 있다. 시청 앞 광장에 걸린 '나를 잊으셨나요' 옥외광고를 본 적이 있는가. 일본군 위안부 피해자 길원옥 할머니의 손 글씨로 쓰여진 이 작품은 시청 앞 게시판에 게재된 3.1절 기념 옥외광고이다. 당시 3.1절을 맞아 어떤 광고물을 게재하면 좋을지 고민이 많았다. 순국선열과 독립운동가를 잊지 말고 기억하자는 메시지를 어떻게 전달하면 더 효과적으로 전달할 수 있을까. 위안부 피해자 할머니와 그들을 표현한 예술 작품인 소

녀상을 활용하면 어떨까 생각했다. 당시 아픈 역사와 위안부 피해자 할머니들에 대해 "이제는 그만 잊자, 제시한 협상안을 받아들이고 해결하자"고 주장하는 사람들이 있었다. 이제는 그만 잊자라고 주장하는 사람들에게 잊지 말아야 할 진실이 있다는 것을 말하고 싶었다. 또 서서히 잊히는 게 기억이라지만 반드시 기억해 내야 하는 진실이 있고, 우리가 잊어서는 안 된다는 메시지를 전달하고 싶었다.

우선 예술 작품인 소녀상을 활용하기로 했다. 거칠게 잘린 단발머리의 소녀가 꼭 움켜쥔 손과 맨발로 의자에 말없이 앉아 있다. 그리고 묻는다. '나를 잊으셨나요?'라고. 소녀상을 그대로 활용해 비주얼에 힘이 있었다. 또 '나를 잊으셨나요'라는 카피는 위안부 피해 할머니인 길원옥 할머니께 손 글씨를 부탁드렸다. 할머니의 작품인 손 글씨를 활용하면 더욱더 절절하게 느껴질 것이라고 생각했기 때문이다. 할머니가 계신 연남동 숙소에 직접 찾아갔고 거기서 할머니의 손 글씨를 받았다. 떨리는 서체 때문인지 카피에는 더 큰 울림이 있었다. 조각상과 손 글씨라는 예술과의 결합을 통해 사람들에게 감동을 준 사례라 할 수 있다.

**예술에는 힘이 있다**

태평염전, 태평소금 김상일 대표님과 말씀을 나눈 적이 있다. 전남 신안군에 위치한 태평염전은 솔트 갤러리, 아트 레지던시 활동을 통해 인구 2,800명에 불과한 신안지역에 활기를 불어넣었고, 지금은 아티스트들이 협업하고 관광객들이 즐겨 찾으며 주민들도 그 변화를 반기는 지역으로 변모하였다. 지역주민들의 소득도 올라가고 태평소금의 매출도 3배 이상 증가해서 흑자전환에도 성공했다고 한다. 근대문화유산으로 지정되기도 하였다.

김상일 대표님은 디즈니 코리아 영화사 대표 출신인데, 예술과의 결합을 특히나 강조하셨다. 서서히 매출이 감소해 가고 활력도 사라져 가는 지역을 예술과 결합시켰더니, 모두가 좋아하는 공간으로 부활할 수 있었다는 것을 강조하셨다.

### Go to the museum as often as possible

예술에 힘이 있듯이, 예술과의 결합도 힘이 있다. 젊은 시절 방문했던 네덜란드 고흐 미술관 정원의 'Go to the museum as often as possible'이라는 글귀는 인상적이었다. 그 후에도 박물관과 전시관에 자주 가려고 노력 중이다. 신기하게도 막혔던 아이디어들이 미술관에서 받은 영감으로 해결되는 경우가 많이 있었다.

BMW 지면 광고를 집행할 세 가지 차종을 어떻게 하면 한 지면에 담을 수 있을까 고민한 적이 있다. 세 가지 제품이 동시에 주인공이 되게 하는 건 힘든 작업이었다. 아트디렉터도 소실점은 하나인데, 세 가지 제품이 주인공이 될 수는 없다는 식으로 말했다. 그때 우연히 본 미야자키 하야오의 전시가 도움이 됐다. 미야자키 하야오는 자신의 작품을 통해 소실점이 꼭 하나일 필요는 없다고 말했다. 이 말을 참고해서 세 가지 차종을 하나의 지면에 담았고 좋은 결과를 낼 수 있었다. 이 외에도 서도호의 '집 속의 집' 전시는 이케아 팝업 스토어 캠페인에 도움이 되었고, 세종문화회관의 스테판 사그마이스터전 및 리움 미술관의 아니쉬 카푸어전도 BMW와 이케아의 광고를 총괄할 때 많은 도움을 받았던 전시이다.

1920년대, 1차 세계대전 이후 그냥 돈만 많았던 도시인 뉴욕이 세계를 리드하는 도시가 된 것은 예술의 힘이 컸다. 특히 뉴욕의 피카소라 불리는 추상표현주의 화가 잭슨 폴록을 앞세운 예술 문화 전쟁에서 승리가 결정적인 역할을 했다.

예술과 문화의 힘에 대해 소개한 《딜리셔스 샌드위치》라는 책에서는 예술이 먼저 길을 열면, 자본이 그 길을 따라간다는 식으로 뉴욕의 발전을 설명했다. 그리고 자본과 예술이 흘러간 동선을 소개했는데, 나는 그 길을 따라 직접 걸어보았다. 5번가를 갔고, 센트럴파크

동쪽을 갔고, 소호를 갔고, 첼시를 갔다. 문화가 흘렀던 경로, 자본이 흘렀던 경로를 따라다녀 봤다. 거리를 걷는 것만으로도 예술의 힘을 체험할 수 있었고 예술이 불러일으킨 거리의 활기와 로컬 문화의 부활을 직접 체감할 수 있었다.

### 문화 예술과 결합시켜라

이태원의 한 공간을 운영한 적이 있다. 당시 그 골목 상권이 어려움을 겪고 있었던 때였다. 고민 끝에 문화 예술의 힘을 빌리고자 디즈니 코리아의 한 에이전시와 접촉하여 디즈니 곰돌이 푸 팝업 스토어, 토이스토리 팝업 스토어, 겨울왕국 팝업 스토어를 순차적으로 운영하였다. 크지 않은 공간이고 활력을 잃은 상권이라는 평을 받는 그곳에서 일 년도 채 안 되는 시점에 20만 명이라는 방문객이 다녀가고, 그 골목상권이 살아나는 것을 목도할 수 있었다.

빅 아이디어로 승부를 보려는 의지도 좋지만, 우선 가능하다면 작게라도 당신의 크리에이티브를 문화 예술과 결합시켜 보라. 문화 예술과 결합하는 것만으로도 소비자의 상상력을 자극하고 결합된 예술품에 대한 평가가 당신의 창작물에도 전이되는 것을 보게 될 것이다. 뛰는 놈 위에 나는 놈이 있다는 말이 있지만, 이보다 더 재미있는 표현은 '나는 놈 위에 붙어 다니는 놈'이 있다는 말이다. 당신의 크리에이티브가 예술에 붙어 다니길 바란다.

creative
approach

2부

# 낙차가 만드는 크리에이티브

**가장 높은 곳에서 가장 낮은 곳으로 떨어뜨려라.
낙차가 크리에이티브의 힘을 만든다.**

크리에이티브는 인식의 반전을 통해 태어난다.
더러움에서 깨끗함을, 결함에서 매력을, 고정관념에서 신선함을 발견하는 것.
그 '낙차'가 감탄과 공감을 부른다.

크리에이티브 어프로치 5.

# 기존의 가치 위에 새로운 가치를 결합하라
# - Classic with a twist

**반전 크리에이티브**

반전 크리에이티브에 대해 이야기해 보자. 예술 작품 및 광고, 영화 등에서 반전은 기존의 서사를 뒤집는 드라마틱한 방법으로 사람들에게 사랑받는다. 예상했던 결과와 예상치 못했던 결과와의 차이가 만들어 내는 낙차가 작품을 바라보는 이들에게 짜릿한 전율을 일으키기 때문일 것이다.

성공적인 반전은 기존의 가치와 새로운 가치의 만남에서 이루어진다고 볼 수 있다. 다시 말해, 반전은 기존의 가치를 완전히 전복시키는 것은 아닌, 기존의 가치 위에 새로운 가치가 접목될 때 이루어지는 것이다.

여기 반전 크리에이티브를 떠올릴 때 생각나는 광고가 하나 있다. 광고의 초반에는 음속으로 달리는 슈퍼소닉카의 모습이 그려진다. 하지만 진짜 광고의 주인공은 슈퍼소닉카와 나란히 달리며 그 모습을 촬영하는 데 성공한 BMW M5이다. 모두들 굉음을 내뿜으며 초고속으로 달리는 슈퍼소닉카에 집중하지만 잠시 후에 카메라가 다른 쪽을 비추면 슈퍼소닉카와 나란히 달리며 촬영에 성공한 BMW M5의 모습이 비춰지는 것이다. 음속으로 달린다는 원래의 가치 위에 BMW M5의 가치를 결합한 것이다. 마지막 카피는 The BMW M5. Fastest saloon car on the planet. 일방적으로 주장하지 않으면서도 슈퍼소닉카의 가치를 차용해 설득력 있게 M5의 빠른 속력을 보여준다.

## 기존의 가치에 새로운 가치를 접목시켜라

건축 분야에서도 멋지게 반전을 이루어 낸 작품들이 많다. 요즘은 우리나라에서도 기존 건축물을 새롭게 활용한 공간들이 많지만, 전통적으로 런던 테이트 모던 갤러리, 파리의 오르세 미술관, 뉴욕 첼시 마켓, 하이라인 파크 등이 멋지게 반전을 이루어 낸 건축물로 평가받는다. 이 작품들은 모두 기존의 가치 위에 새로움을 덧입혀 탄생되었다.

### 오르세 미술관

오르세 미술관은 원래 기차역이었다. 1900년 파리 만국 박람회를 열면서 철도역이자 호텔로 세운 복합건물이었는데, 시간이 흘러 신형 열차를 수용할 수 없었고, 기존의 근거리 열차만 받으면서 이용객이 줄어 결국 문을 닫았다. 기차역으로 생명을 다하자 이 기차역을 어떻게 활용할 것인지에 대해 많은 논의가 있었다. 가장 손쉬운 방법은 철거하고 다시 짓는 것이었을 것이다. 하지만 프랑스 정부는 역사를 보존하기 위해 미술관 형태로 내부를 바꿨고, 19세기 인상파 미술품을 전시하는 전시관으로 변모시켰다. 기차역이었던 파리의 오르세 미술관이 기존의 기차 역사 위에 옛 시설물들을 크게 훼손하거나 바꾸지 않고, 미술관이라는 새로운 가치를 덧입어 재탄생한 것이다.

### 테이트 모던 갤러리

런던의 유력한 관광지로 꼽히는 테이트 모던 갤러리. 화력 발전소였던 런던의 테이트 모던 갤러리 역시 기존의 건물을 손상시키지 않고 갤러리로 재탄생했다. 지금 합정동에 위치한 화력 발전소 역시 이 테이트모던 갤러리를 벤치마킹해서 상부에는 공원으로 건물 내부는 미술관으로 발전시켜서 시민들에게 개방 중이다.

### 첼시 마켓과 하이라인 파크

뉴욕의 첼시 마켓은 공장으로 사용되었던 건물의 형태를 유지한 채 벽을 허물어 문화가 넘쳐흐르는 마켓으로 재탄생하였다. 뉴욕여행을 할 때 관광객들이 들르는 필수 코스가 되었다. 또 첼시 마켓 옆에 위치한 하이라인 파크는 철거될 뻔했던 선로 위에 공원을 만들어 낸 반전의 가치이다.

이 하이라인 파크를 벤치마킹한 것이 서울역 앞 고가를 공원으로 재탄생시킨 서울로이다. 서울로의 프로젝트명은 서울로 7017이었다. 70년에 지어진 다리를 2017년에 공원으로 재탄생시키겠다는 의지를 담은 네이밍이었다. 당시에 서울역 7017 론칭 광고 슬로건으로 작성했던 카피는 '차량길을 사람길로'였다. 기존의 가치였던 차량의 길을 새로운 가치인 사람의 길로 만들겠다는 의지를 슬로건으로 표현한 것이다.

### 폴 스미스, Classic with a twist

패션 디자이너 폴 스미스는 자신의 브랜드 폴 스미스의 디자인 철학을 'Classic with a twist'라고 정의한다. 직역하면 '반전을 더한 클래식'이라는 뜻이다. 이 문장에서 핵심이 되는 단어에 밑줄을 긋는다면, 반전보다 클래식에 초점을 맞출 수 있을 것이다.

폴 스미스의 지갑을 살펴보면 겉으로는 전형적인 클래식 디자인을 따르고 있다. 그러나 지갑을 열어보는 순간, 폴 스미스의 시그니처인 컬러풀한 자동차 프린팅이 모습을 드러낸다. 그의 슈트 역시 마찬가지다. 외관은 전통적인 클래식 슈트처럼 보이지만, 안쪽에는 강렬한 색상이나 팝아트적인 요소가 숨어 있어 의외성을 선사한다.

많은 사람들이 폴 스미스의 디자인에서 트위스트가 주는 신선함과 반전의 매력에 주목한다. 하지만 그보다 먼저 눈여겨봐야 할 것은 바로 클래식, 즉 기존의 가치다. 클래식한 요소가 존재하기에, 그것과 대비되는 트위스트가 더욱 돋보일 수 있는 것이다. 모든 반전은 전통적인 가치 위에서 탄생한다. 아마도 폴 스미스가 'Classic with a twist'라는 표현을 사용한 이유도 여기에 있을 것이다.

기존의 가치를 단순히 뒤집거나 부정하는 것이 아니라, 그 위에 새로운 가치를 더하는 것. 그것이야말로 사람들의 시선을 사로잡는 성공적인 크리에이티브의 본질이 아닐까.

크리에이티브 어프로치 6.

# 어깨에 힘을 빼고 진정성을 드러내라

**진정성이 담긴 BMW 전기차 광고**

독일계 광고회사 크리에이티브 디렉터로 근무할 때 BMW 코리아의 전기차 론칭 광고 캠페인을 진행한 적이 있다. BMW는 전기차 시리즈에 i라는 모델명을 붙인다. 지금은 i시리즈도 여러 모델이 있지만 최초의 시작은 i3였고, 소형 전기차 세그먼트였다. 그 뒤 하이브리드형 스포츠카 모델인 i8을 선보였고, 전기차가 대중화되기 시작한 뒤에는 i5 등 새롭게 신모델이 등장하고 있다.

BMW 코리아는 아직 전기차 시장이 갖추어지지 않은 상태에서 누구보다 선도적으로 전기차 커뮤니케이션 캠페인을 집행하였다. 아직 국내에 전기차의 인프라가 모두 갖추어지기 전이고, 이로 인해 경쟁사들이 전기차에 대해 적극적인 커뮤니케이션을 주저하는 상황에서도 선도적으로 캠페인을 진행하였다. 브랜드의 리더십은 이런 선도적인 활동에서 나온다고 생각한다. 선도적인 활동은 비록 당장 눈에 보이는 성과가 없더라도 얼어 있는 땅에 뿌리를 내리고, 땅이 얼었다 녹았다 하는 과정에서 나름의 힘을 더해 새로운 시대의 물길을 만든다.

이 시점의 론칭 이벤트와 지면 광고 및 디지털 광고 등은 전기차의 친환경적인 면과 기존의 내연기관 차에 비해 업그레이드된 스마트함 등을 강조하는 커뮤니케이션을 주로 집행하였다. 처음이기에 전기차의 특장점을 어필했고, 환경을 생각하는 제품이라는 것까지 전달하는 것에 주력을 두어 커뮤니케이션하였다.

하지만 TV 광고는 조금 다르게 접근하고 싶었다. 미디어 부킹도 저녁 메인 뉴스인 8시 뉴스 이후 60초 광고로 잡았다. 지금도 흔치 않지만 당시에 60초짜리 TV 광고는 새로운 시도였고, 우리는 어떤 메시지를 소비자에게 전달해야 할지 많은 고민을 했다. 그러다 문득 우리 제품만의 특장점을 어필하기보다는 제품 스토리, 시대적 상황 등에 대해서 있는 그대로 이야기하는 '솔직함'으로 접근해 보면 어떨까 하고 생각했다.

전기차의 등장은 새로운 시대적 변화라거나 전기차가 가지고 있는 기능은 기존의 것들을 뛰어넘는 것이라는 등의 메시지는 왠지 먼 나라 이야기인 듯 보였고, 지금 전기차를 탄다면 우리의 생활이 어떻게 바뀔지 진솔하게 생각해 볼 수 있는 광고를 만들어 보고 싶었다. 광고 미디어에서의 60초는 생각보다 긴 시간이다. 강점만을 어필하면서 그 시간을 채우기보다는 '솔직함'으로 어필한다면 소비자에게 생각할 거리를 던져줄 것이고, 우리 브랜드가 더 매력적으로 보일 수 있을 것이라고 생각했다.

다음은 BMW 코리아의 전기차 론칭 캠페인 TV 60초 광고의 카피이다.

"우리가 전기자동차를 탄다고 해서
지금 당장 세상이 변하지는 않을 겁니다.
우리는 여전히 같은 길을 운전할 것이고

똑같이 주차하고

어디론가 바삐 향하게 되겠죠.

하지만 그렇다고 아무 일도 일어나지 않는 건 아닙니다.

매일 아침 자동차의 컨디션을 체크하고

서로를 더 이해하게 되며

가족의 목소리에

더욱 귀를 기울이게 될 것입니다.

전기자동차를 탄다고 해서

지금 당장 세상이 바뀌지는 않을 겁니다.

하지만 당신의 생활은 변할 것입니다..

BMW i가 선물하는

새로운 삶, 새로운 미래.

지금 바로 당신 앞에 있습니다.


born electric

BMW i"


   대단한 미래 변화를 이야기하지 않았다. 솔직함으로 접근했다. 그리고 전기차를 타게 될 때 경험하게 되는 사소한 변화들을 전달하고자 노력했다. '여러분이 전기차를 탄다는 것은 새로운 시도이다. 환경을 생각하는 마음마저 담았다면 칭찬하고 싶다. 하지만 지금 당장 전기차를 탄다고 해서 여러분의 삶이 크게 바뀌지 않을 것이다. 평소에 갔던 곳을 가게 되고, 평소에 주차하던 곳에 주차하게 되고, 평소에 함께했던 사람들과 드라이브도 즐기게 될 것이다. 전기차라는 것은 내연기관 시절에 비하면 혁신적인 변화이지만, 우리가 전기차를 탄다고 해도 지금 당장 큰 변화가 일어나지는 않을 것이다. 하지만 조용한 실내 컨디션으로 인해 가족의 목소리에 더 귀 기울이게 되고, IT 기기와의 호환성이 높아져 자동차의 상태도 더 잘 체크할 수 있으며, 크지 않더라도 환경을 생각하는 마음도 키워갈 수 있을 것이다' 정도의 메시지를 담았다.

전기자동차를 탄다고 해서 지금 당장 세상은 변하지 않을 것이지만 생활의 변화는 시작될 수 있을 것이라고 이야기했다. 광고 반응은 좋았다. 목소리에 힘을 빼고 차분히 전기차의 시대가 오고 있음을 알리고 있다는 평을 받았다. 당시 내레이션도 전문 성우가 아닌 연극배우 출신의 성우분께 부탁드렸다. 광고 전문 웹진에 본

광고의 진정성을 칭찬하는 칼럼도 게재되는 등 업계 관계자 및 소비자들도 광고의 어프로치에 대해 호평했다. 솔직함이 힘을 발휘한 사례라고 생각한다.

### 바디카피는 사랑하는 사람에게 편지 쓰듯이

앞에서도 언급했던 광고계의 대부 데이비드 오길비는 바디카피를 쓸 때 사랑하는 사람에게 제품에 대해 소개하듯이 쓰라고 한다. 사랑하는 사람에게는 최대한 솔직하고 자세하게 제품의 진실을 이야기할 것이다. 성능이나 이미지를 과장하려 하지 않을 것이다. 이것은 지금 시대에도 여전히 유효하다. 과장하거나 주장하려 하기보다는 최대한 솔직하게 제품에 대해 솔직함으로 어필할 때 소비자들이 그 진심에 마음을 열 것이다.

### 진정성 브랜딩

브랜드의 영역에서도 솔직함을 어필해서 소비자의 마음을 사로잡고, 소비자에게 사랑받는 브랜드로 성장한 사례는 생각보다 많다.

파타고니아는 환경 보호와 지속 가능한 제품 생산에 대한 높은 민감성으로 유명한 브랜드이다. 이들은 제품 생산 과정에서 발생하는 탄소 배출량을 최소화하고, 지속 가능한 재료를 사용하며, 노동자의 권리와 안전을 보호하기 위해 노력한다. 이러한 노력과 함께, 파타고니아는 소비자에게 솔직하게 제품의 내용물과 생산 과정을 알리고 있다. 또한 쇼핑 주간인 블랙 위크 즈음에 Don't buy this jacket이라는 캠페인을 진행했는데 지구 환경을 위해 새로운 제품을 사지 말라는 캠페인이었다. 디마케팅이라고도 불릴 수 있었던 이 캠페인은 소비자들에게 큰 반향을 불러일으키기도 하였다.

**진심이 불러일으키는 힘은 크다**

솔직함은 진정성을 불러일으킨다. 진심이 불러일으키는 힘은 크다. 크리에이티브가 꼭 화려하거나 과장될 필요는 없다고 생각한다. 크리에이티브의 가장 큰 목적은 사람의 마음을 얻는 것이다. 솔직함으로 접근할 때 소비자들은 브랜드의 진심을 알게 되고 그 브랜드가 추구하는 비전에 공감하게 되며, 브랜드가 가고자 하는 길에 동행하고 싶은 생각이 들 것이다. 솔직함을 위해 어깨에 힘을 빼자. 최고, 최초라는 등의 주목을 끌기 위한 단어나 자기 성과를 어필하기 위한 단어는 가급적 사용하지 말자. 그것보다는 소비자들에게 어떤 부분이 진정 도움이 되는지 깊이 들여다보고 그것을 있는 그대로 표현해 보자. 그것이 크리에이티브의 대상이 마음을 열게 하는 방법이다.

크리에이티브 어프로치 7.

# 상처도 별이 된다.
# 결점을 드러내라

**결점 마케팅(Flawsome Marketing)**

결점 마케팅이라는 용어가 있다. 결점 마케팅은 Flawsome Marketing이라고 불리기도 하는데, 대부분 감추기 마련인 브랜드의 결점을 오히려 솔직하게 드러내어 진정성으로 어필하는 마케팅이다. 브랜드의 친숙함과 친밀감을 높여주기도 해 고객의 선택을 이끌어 내기도 한다. 과거에는 결점을 드러내는 이러한 사례들이 많지 않았다. 하지만 최근에는 결점 마케팅이 국내외를 막론하고 종종 시도되곤 한다. 결점 마케팅의 재미난 사례를 몇 가지 살펴보자.

### 치토스 치틀

먼저 치토스의 치틀 캠페인을 예로 들 수 있다. 보통의 과자들이 그렇지만 특히 치토스는 과자를 먹을 때 부스러기가 손에 잘 묻어난다. 부스러기는 소비자가 선택을 주저하게 만드는 결점일 수 있다. 그렇지만 치토스는 결점일 수 있는 과자 부스러기에 대한 이야기를 과감하게 스토리화해서 소비자에게 전달한다. 과자 부스러기를 '치틀'이라는 이름으로 불러달라고 광고하면서 그것을 캐릭터화한다. 또 치틀이라는 단어를 상표등록까지 하고, 그때부터 치틀을 이용한 캠페인도 펼쳤다. 2020년 슈퍼볼 광고에서는 래퍼 엠씨 해머가 등장하여 손에 묻은 치토스 과자가루(치틀)를 소재로 한 광고 Cannot touch this 캠페인도 전개하였다. 사람들은 그해 슈퍼볼 광고 62편 중 바로 이 광고를 가장 유머러스한 광고로 뽑기까지 했다.

에이비스 렌터카 - We are only no. 2

## 에이비스 렌터카 no. 2

과거 에이비스 렌터카에서 펼친 We are only no. 2 캠페인도 결점 마케팅 캠페인의 예시라 할 수 있다. 에이비스 렌터카는 1위와는 굉장히 차이가 큰 만년 2위

브랜드로 영업에 어려움을 많이 겪고 있었다. 그때 빌 번벅이라는 광고인과 함께한 광고 캠페인을 집행했는데, 여기서 "우리는 오직 2등일 뿐이다"라고 말하며 자기 브랜드의 결점을 드러냈다. 더불어 그렇기 때문에 더 열심히 하겠다는 각오를 덧붙였다. 솔직하게 자기의 위치를 드러내고, 그렇기 때문에 앞으로는 더 열심히 하겠다는 진정성 어린 메시지는 소비자의 공감을 이끌어 냈다. 에이비스 렌터카에 대한 브랜드 인지도와 호감도는 올라갔고, 1위 기업인 허츠 렌터카와 차이가 크지 않은 매출을 기록하게 되었다. 고전 광고 캠페인에서 가장 성공한 캠페인 사례 중 하나로 꼽히기도 한다.

**놀림의 미학, 에이수스 노트북**

우리나라의 예를 들어볼까? 우리나라에서는 '에이수스 노트북 스벅 출입가능?'이라는 브랜디드 콘텐츠가 MZ세대 사이에서 인기를 끈 적이 있다. 에이수스 노트북은 브랜드 인지도가 높지 않다. 보통 스타벅스에서는 맥북처럼 비교적 잘 알려진 브랜드 노트북을 켜놓고 작업을 하는 사람들이 대부분이다. 유난히 우리나라에서 그런 현상이 많이 나타나는데, 브랜드의 이미지를 중시하는 소비자들의 성향 때문일 것이다.

> "편하게 놀릴 수 있을 때
> 제품에 대한 호감도가 올라갈 수 있을 것이다"

에이수스라는 노트북 브랜드는 기술력이 뛰어나지만 브랜드 인지도는 낮은 가성비가 뛰어난 합리적인 가격의 브랜드이다. 때문에 로고를 드러내 놓고 노트북 작업을 하는 게 조금 망설여질 수 있지 않을까 하는 생각에서 해당 브랜디드 콘텐츠가 제작됐다. 이 브랜디드 콘텐츠를 만든 메타코미디의 정영준 대표는 이것을 놀림의 미학이라고 규정했다. 오히려 편하게 놀릴 수 있을 때 제품에 대한 호감도가 올라갈 수 있을 것이라고 말했다. 여기서도 에이수스 제품은 가성비가 뛰어나 가격은 싸지만, 성능은 뛰어난 제품이다라는 것을 이성적으로 알리지는 않았다. 오히려 본 제품을 쓰면 사람들 앞에서 브랜드를 자랑하면서 뽐내긴 힘들다는 것을 위트 있게 표현해 해당 브랜드가 가지고 있는 낮은 인지도를 과감하게 드러냈다. 그리고 그러한 결점에도 불구하고 제품력이 뛰어나다는 것을 재미있는 콘텐츠로 만들어 브랜드의 호감도를 상승시킨다. 결점을 드러내는 솔직함과 그것을 표현하는 위트 있고 이유 있는 주장으로 해당 콘텐츠는 에이수스 노트북이라는 브랜드를 한국 시장에 알리는 데 기여했다.

### 솔직함으로 승부하는 브랜드

결점 드러내기가 소비자에게 통하는 이유는 무엇일까? 무엇보다 가장 큰 이유는 브랜드가 진정성을 가지고 소비자와 커뮤니케이션을 하기 때문이라고 생각한다. 모든 정보가 오픈된 디지털 세상에서 약점이나 결점에 해당하는 정보를 감추는 것은 사실상 불가능해졌다. 이는 상품이나 브랜드뿐만 아니라 개인에게도 해당되는 현상이다. 결점을 가리려고 노력하기보다는 솔직하게 오픈하고 그럼에도 불구하고 우리가 노력하고 있다는 것을 보여주는 것이 훨씬 효과적일 것이다.

### 스스로를 최악이라 부른 호텔

엘리베이터와 TV도 없고 거울과 화장대도 없어 불편할 수 있다며 스스로를 최악의 호텔이라 부르며 결점을 솔직하게 오픈했던 호텔이 있다. 네덜란드 암스테르담의 한스 브링커 버짓 호텔이다. 이 호텔은 스스로를 최악의 호텔이라 불렀지만, 또 그만큼 저렴하게 이용할 수 있다는 내용의 광고로 어필하여 예약 폭주를 부르고 전 세계 배낭 여행객들에게 꼭 가봐야 할 곳으로 선정되었다. 결점에 머무르지 않고, 그럼에도 불구하고 소비자에게 줄 수 있는 혜택을 이야기할 때 소비자의 선택을 받게 된 것이다.

"결점이 있어도 나를 사랑해 줄래요?"

솔직히 드러낸 결점마저 사랑스러울 때 연인과의 사랑이 시작되듯 소비자와 브랜드의 호의적인 관계도 그렇게 시작되지 않을까? 상대방이 가진 것 때문에만 그 사람을 사랑하는 것은 소유욕일 것이다. 상대방의 장점 때문에 그 사람을 사랑하게 된다면, 마침내 그 장점이 익숙해지거나 필요가 줄어들 때 다른 곳을 바라보게 된다.

반면 상대방이 가지지 못한 것에 반응하는 것이 사랑의 영역이다. 결점을 있는 그대로 바라볼 수 있을 때 거기서 사랑의 진심이 시작되는 것은 아닐까.

### IKEA fail

인터넷에서 IKEA fail을 검색해 보면 이케아를 잘못 조립해서 난처해진 상황들을 찾아볼 수 있다. 한두 가지가 아니다. 양쪽 다리의 높낮이가 낮게 조립된 의자는 오히려 귀여운 편이다. 한쪽으로 기울어져 쓰러지기 직전인 책장, 위아래가 뒤집힌 소파, 침대 살을 조립하지 못해 매트만 따로 놓고 자는 모습 등 다양한 실패의 모습들을 찾아볼 수 있다. 어떤 사람들은 이것이 이케아가 가진 브랜드의 약점이라고 말하기도 한다. 이케아라는 조립식 가구의 한계를 보여주는 것이고, 조립하기 어렵다는 것을 드러내 구매를 주저하게 만든다고 한다. 하지만 소비자가 브랜드를 조립하는 과정상에서 나타나는 실수를 보여주는 이러한 장면들은 브랜드 친밀도 면에서는 굉장히 호의적이다. 그러한 실수들이 제품에 대한 호감을 상승시킨다. 실제로 IKEA fail을 검색해보면 어이없고 황당한 그 실수가 재밌어서 오히려 웃음 짓게 된다. 그리고 브랜드가 더 친숙하게 느껴지기도 한다.

Fail이라는 단어는 '실패'를 뜻하는 단어이지만, 우리는 이러한 장면을 바라보면서 실패로 느끼기보다는 '실수'라고 느낀다. 그리고 그러한 실수들은 오히려 호감도 가져다주고 때론 인간미도 느끼게 해준다. 우리가 흔히 말하는 허당기도 그러한 매력을 표현하는 단어 중 하나일 것이다.

실패와 실수. 우리는 살면서 크고 작은 실패들을 겪곤 한다. 어느 때는 이것이 내 삶을 온통 움켜잡고 나를 바닥으로 끌고 가기도 한다. 그리고 이것이 가져다줄 결과들이 내 삶에 치명상을 안기지 않을까 고민하기도 한다. 하지만 너무 걱정하거나 그 실패에 붙들려 마음을 빼앗긴 채 움직이지 못할 정도로 움츠리지는 말았으면 좋겠다.

  우리가 지금 겪고 있는 어려움과 실패들은 인생이라는 시간에서 보면 하나의 작은 실수에 불과할 수도 있으니까. 그리고 어쩌면 이러한 실수들은 당신이라는 브랜드에 스토리를 더하고, 친밀감을 더해 호감도를 상승시키는 브랜딩의 소재일 수 있으니까.

  우리의 실수들을 유쾌하게 바라보자. 설사 남들이 단점이라고 말할지라도 그건 나라는 브랜드의 가치를 더해주는 브랜딩의 일부분이 될 수 있다.

크리에이티브 어프로치 8.

# 새로운 인사이트로 접근하라

**새로운 생각, 새로운 인사이트**

기존의 생각과는 다른 새로운 인사이트를 전달하는 것도 효과적인 크리에이티브 어프로치이다. 이제껏 접했던 광고 중 크리에이티브가 가장 뛰어난 몇 작품 안에 든다고 생각한 광고가 있다. 바로 Dirty is good이라는 슬로건으로 유명한 세제 광고이다.

어린아이가 진흙에서 뛰어놀고 있고, 옷은 더러워져 있다. 그 아래로 Dirty is good이라는 슬로건이 보인다. 처음에 이 광고를 보고 전혀 다른 세상의 아이디어를 접한 것처럼 놀랐다. 일반적으로 세제 광고는 옷이 깨끗해지는 것을 강조한다. 빨래 효과가 좋거나, 색깔 옷이 선명해지거나 세탁이 끝난 옷에서 향기가 난다는 것 등을 이야기한다.

## "Dirty is good"

하지만 이 세제 광고는 더러움을 이야기한다. 더러움이 좋고, 더러움이 유익하다고 한다. 영국의 유니레버 세제 브랜드 OMO의 이야기다. 무슨 이야기를 하는 걸까 하고 들여다보면, 아이의 옷에 레터링 된 카피를 볼 수 있다. Mud teaches more than carpet. 텔레비전 앞에서는 용기를 배울 수 없고, 집 안의 안락한 카펫 위에서 호기심을 배울 수 없으니 아이들 옷이 더러워지는 것을 걱정하지 말고 집 밖에서 마음껏 뛰어놀게 하자는 의미이다. '직접 체험하고 마음껏 뛰어놀게 하라. 더러워진 옷은 우리 제품이 책임지겠다. 더러움은 나쁜 것이 아니고 아이들을 성장하게 해주는 좋은 가치'라는 숨은 뜻을 가지고 있다. 타깃이 생각하지 못한 새로운 인사이트를 제공하는 것이다. 타이레놀이 '당신이 머리 아픈 것은 남보다 열정적이기 때문입니다'라고 광고한 것 또한 비슷한 맥락으로 볼 수 있다.

사실 이 광고를 보며 이 책의 주제를 생각해 냈다. 전혀 다른 접근법이 새로운 크리에이티브를 탄생시킨다는 생각에 '크리에이티브 차이는 어프로치의 차이다'라는 주제를 선정한 것이다. 타깃을 달리해서 새롭게 접근해 보자. 또는 타깃에게 기존의 가치가 아닌 새로운 반전의 가치를 부여해 보자. 대상으로 달리하게 되는 것만으로도 차원이 다른 크리에이티브의 세계로 다가갈 수 있을 것이다.

**낯선 것들을 가져와 조합하라**

새로운 인사이트를 만드는 방법 중 하나가 평상시에 쓰지 않는 낯선 것을 가져와 조합하는 것이기도 하다. 우리가 평소에 마주치는 것과는 다른 결과물을 만들어 내기 때문이다. 이질적인 조합이 어색함과 불편함을 만들어 내지만, 그 어색함과 불편함이 남들이 생각하지 못하는 크리에이티브로 이어진다.

아파트 공사현장을 지날 때 쓰여 있는 카피는 '즐거운 불편'이었다. 즐겁다라는 것과 불편은 반대편에 있는 워딩이다. 그런데 이것을 붙여놓으니까 더 크리에이티브하게 읽힌다. 불편이 즐겁다고? 하면서 그 즐거운 불편이 무엇인지 관심이 생기게 된다. 단지 '안전수칙을 잘 지키자'라고 표현하는 카피와는 다르게 기꺼이 불편을 감수할 수 있을 것처럼 느껴진다.

낯선 조합의 사례를 한번 찾아보자. 영화 〈8월의 크리스마스〉는 8월인데 크리스마스라는 게 어떤 의미인지 궁금증을 유발한다. '냉장고의 지명타자'라는 카피는 일본 메이토유업 홈런 슈 아이스크림 광고 카피인데, 낯선 조합이 임팩트 있고 기억하기 쉽게 만들어 준다. 냉장고를 열 때마다 꺼내 먹게 되는 제품이라는 것을 뜻하고 있다.

좋아하는 광고 캠페인 중에 일본 겟케이칸 주류 광고가 있다. 이 광고에서는 '나의 취미는 당신입니다'라고 말하며 사이좋은 젊은 부부를 보여준다. 그러다 엇갈리는 모습도 보여준다. 남편은 어항에서 키울 살아 있는 물고기를 봉투에 담아 사 왔는데, 아내는 저녁 요리상에 올릴 물고기를 굽고 있다. 같은 물고기를 다르게 대하는 모습이 재밌기도 하고 어색해서 둘은 웃는다. 헤드라인은 '엇갈려도 괜찮아. 부부니까'이다. 대부분의 광고에서 그리는 전형적인 부부의 모습은 사이가 좋고 같은 꿈을 꾸는 것이다. 하지만 이 광고에서는 그런 전형적인 부부의 모습과는 다른 모습을 보여주고 다른 수식어를 갖다 붙인다. 바로 엇갈린 부부다. 그리고 엇갈려도 괜찮다고 말한다. 부부니까. 전형적인 부부의 모습과는 다른 엇갈린 부부의 모습이 더 정감있게 느껴지고 시청자에게 이른바 못 보던 그림을 보여준다.

아티스트 뱅크시의 Flower Thrower

사진 속 벽화는 유명한 아티스트 뱅크시의 〈Flower Thrower〉라는 작품이다. 베들레헴의 건물 외벽 한편에 자리 잡고 있다. 얼핏 보면 두건을 쓴 저 남자가 분명히 무언가 위험한 것(화염병, 폭탄 등)을 던지는 것이라고 생각할 것이다. 하지만 자세히 들여다보면 이 남자는 꽃다발을 들고 있다. 과격한 행동과 꽃다발은 분명

낯선 조합이다. 낯선 조합이 가져다주는 낙차가 크리에이티브에 힘을 실어준다. 작품 속 두건을 쓴 남자가 던지는 건 단순히 누군가를 해하기 위한 것이 아닌, 스스로를 보호하고 불공정한 것에 맞서는 꽃다발일 것이다. 이처럼 낯선 조합은 새로운 인사이트를 가져다주고 멋진 크리에이티브로 재탄생한다.

creative
approach

3부

# 크리에이티브의
# 기술

**소리, 숫자, 밈, 사람, 결점, 터부, 의인화…**
**Art of Creative**

생각을 형태로, 감정을 메시지로 만들어 보기.
좋은 아이디어도 표현되지 않으면 아무 소용이 없다.
사람, 소리, 숫자… 우리가 사용할 수 있는 창의적 언어들을 익혀보자.
크리에이티브는 기술이다. 표현의 아트다.

크리에이티브 어프로치 9.

# 소리로
# 연인이 되어라

'헤홍호헤호하이'

이건 무슨 소리일까? 잠시 시간을 두고 생각해 보기 바란다. 대체 무슨 소리일까? 아무리 들어도 이상하기만 한 이 소리는 바로 '베이컨 포테이토 파이'를 발음한 것이다. 어떻게 발음했길래 이런 소리로 들리지? 너무 맛있어서 뜨거운 채로 입안에 파이를 물고 식혀가면서 '베이컨 포테이토 파이'를 발음하는 것이다. 입안에 음식을 베어 물고 호호 식혀가면서 발음하니까 제대로 들리지 않고, '헤홍(베이컨) 호헤호(포테이토) 하이(파이)'로 들린다.

"헤홍호헤호하이"

일본 맥도날드에서는 시즌 한정판 베이컨 포테이토 파이를 광고할 때 '헤홍호헤호하이' 캠페인을 기획해서 집행했다. 결과는 대성공. 그 네이밍과 주문 방식이 재밌고, 물론 제품도 맛있어서 대부분 매장에서 품절됐다. 주문할 때 고객은 점원에게 "헤홍호헤호하이 구나사이"라고 해야 한다. 일상에서 들리는 소리가 크리에이티브로 재탄생되는 순간이다.

소리를 잘 활용하면 효과 높은 크리에이티브를 구현해 낼 수 있다. 우리나라로 치면 후시딘, 마데카솔 격인

같은 일본 오츠카 제약의 연고 브랜드 오로나인 광고는 여러 편의 소리 시리즈를 제작했다. 소리에 집중이 되니 보고 있으면 기분도 좋아지고, 광고 퀄리티도 좋아 보인다.

첫 번째 편은 아기를 목욕시킬 때 나는 소리를 활용했는데, 재미있어서 글로 가져왔다. 함께 살펴보자.

### 소리를 활용한 광고

두근두근(아기를 안고 있는 손 위로 들리는 아빠의 심장소리)

쭈뼛쭈뼛(목욕시키기 위해 아이를 물에 담그는 신혼부부의 모습)

꼬옥(목욕 타월을 짜는 소리)

부비부비(아기 얼굴을 닦는 소리)

주륵주륵(아기 몸을 타고 물이 흐르는 소리)

발라당(아기 눕히는 소리)

우하(아기 웃음소리)

우하하(부모 웃음소리)


매일, 손발 틈 상처엔, 오로나인 H 연고

손은 즐거운 것이다.

위와 같이 소리를 들려주고 소리에 해당되는 신을 느린 속도로 보여준다. 초보 아빠가 열심히 아기를 목욕시키다가 살짝 다친 손을 눈치채며 '아얏' 하는 소리로 끝이 난다. 그러면서 연고를 바르며 '만질만질'이라고 하며 손발 틈 상처엔 오로나인 H 연고로 마무리한다. 슬로건은 '손은 즐거운 것이다'이다. 소리와 함께 해당 신이 보이니 광고에 더 몰입해서 집중하게 된다.

두 번째 편은 초보 엄마의 요리 편이다.

**꽈악**(음식 재료 집는 소리)

**팍**(음식 재료 냄비에 집어넣는 소리)

**보글보글**(냄비 끓는 소리)

**따끈따끈**(요리를 즐기는 가족의 화목한 모습)

**꽈악**(세제 짜는 소리)

**박박**(설거지하는 소리)

**꾸악**(냄비 닦는 소리)

아얏(상처에 물이 묻어 따끔거려 엄마가 내는 소리)

오로나인 팍!(오로나인을 꺼내는 소리)

만질만질~(연고를 바르는 소리)

매일 손발 틈 상처엔, 오로나인 H 연고

손은 즐거운 것이다.


엄마의 요리 편 역시 소리와 함께 매 신이 펼쳐지며 더 감성적인 모습을 연출하고, 소리로 인해 소비자들을 더 주목하게 만든다. 의성어, 의태어가 이렇게 마음을 잡아끈다는 것을 이 광고를 보면 새삼 다시 느끼게 될 것이다. 어떤 크리에이티브도 이 광고의 소리보다 더 효과적으로 주목을 이끌어 내기 어렵다는 생각이 든다. 소리에는 사람에게 친밀한 감정을 불러일으키는 힘이 있다. 제품과 관련된 소리, 그리고 제품과 관련된 상황에서 들려오는 소리를 잘 활용해 보자. 브랜드와 소비자 간의 친구 이상의 애착 관계를 나타낼 수 있을 것이다.

## 사운드 로고

기왕 소리를 활용한 크리에이티브에 대한 이야기를 시작했으니 이번에는 사운드 로고에 대해서 알아보자. 커피머신에서 새어 나오는 수증기 소리는 좋아하는 카푸치노의 우유 거품을 떠오르게 한다. 빠앙~ 하고 지나가는 자동차의 경적 소리로 숨 가쁘게 바쁜 도심의 이미지가 그려지기도 한다. 소리에는 무엇인가를 연상시키는 강력한 힘이 있다. 브랜드를 각인시키고, 떠오르게 하고자 할 때 사운드 로고가 효과적일 수 있는 이유이다. 소리와 관련된 크리에이티브를 이야기할 때 사운드 로고를 빼놓고 이야기하기가 힘들다.


### 눈을 감아도 떠오르는 '사운드 로고'

미디어 환경이 복잡해지고, 브랜드의 숫자는 점점 더 늘어간다. 이에 따라 소비자들의 마음을 사로잡는 것도, 브랜드를 소비자에게 인식시키는 것도 점점 더 어려워지고 있다. 특히 광고, 미디어에 눈을 감아버린 소비자에게는 어떻게 이야기를 전달해야 할까? 브랜드의 홍수 속에서 소비자들에게 브랜드를 각인시키기에 효과적이고 감각적인 방법의 하나가 바로, 소비자의 귀를 사로잡는 사운드 로고이다. 생각보다 효과적인데 아직 우리나라 브랜드들은 생각만큼 사운드 로고에 관심을 기울이지는 못하는 것 같다.

흔히 로고는 심벌처럼 디자인된 시각 기호라고 생각한다. 하지만 사운드 로고는 청각을 통해 접근한다. 넷플릭스 어플을 켜면 영화 시작 전에 '두둥'이라는 소리와 함께 서비스가 시작된다. 이 OTT 서비스를 이용해 본 사람은 바로 이 소리로 넷플릭스를 연상할 것인데, 이것이 바로 사운드 로고이다. 브랜드에 따라 TV 광고가 끝날 때 로고와 함께 짤막한 Song 형태가 들리기도 하는데 이것 역시 사운드 로고이다.

### Jingle? Sound logo!

TV나 라디오의 광고 방송 시 울리는 짤랑거리는 멜로디라고 해서 Jingle이라고 표현하기도 하지만, 브랜딩의 관점에서는 브랜드를 인식시키고 그 소리의 일관성으로 브랜드 아이덴티티를 형성시키므로 사운드 로고라고 명명하는 것이 더 올바른 표현이라고 할 것이다.

### 사운드 로고를 사랑한 기업, 인텔

사운드 로고를 가장 잘 사용했던 기업이 있는데, 바로 인텔이다. 인텔은 최고의 컴퓨터를 식별해 내는 방법이라는 광고 캠페인을 통해 사운드 로고를 지속적으로 들려주는 캠페인을 비롯해서, 인텔의 부품을 사용하는 회사들이 광고할 때 '인텔 인사이드'의 사운드 로고를 사용하게 했다. 그 결과 1995년부터 시작한 사운드 로고는 인텔을 잘 모르는 사람들에게까지 익숙한 소리가 되었다. 사운드 로고를 활용한 캠페인 광고 중 하나는 인간대포를 활용한다. 실제 다섯 사람이 대포알이 되어 대포에 장착된 채 발사되어, 수십 미터를 날아가 헬멧을 쓴 머리로 종에 정확히 부딪히기까지 한다. 차례대로 부딪힌 덕에 '인텔 인사이드'의 사운드 로고 소리를 정확히 표현해 낸다. 마치 앵그리버드가 날아가 종에 부딪히는 것처럼… 인텔이 얼마나 사운드 로고에 강한 애착을 가지고 있는지가 드러나는 재밌는 캠페인이라고 할 수 있다.

### 친구보다 연인을 사로잡는 사운드 로고

BMW의 광고 캠페인을 진행할 당시에, BMW의 사운드 로고가 바뀐 경험이 있다. BMW의 이전 사운드 로고와 지금의 새로운 사운드 로고를 함께 접해본 것이다. 경험상 사운드 로고는 새로운 고객에게 어필하는 것도 있지만, 기존의 고객이 브랜드를 더 사랑하게 한다거나(브랜드 충성도) 내부고객 및 브랜드 애호가들을 하나로 묶는 데(브랜드를 통한 연대) 더 효과적으로 작용한다고 생각했다. 친구보다는 연인에게 더 효과적인 느낌이라고 할까? 아무래도 청각을 활용하는 것이기 때문에 브랜드 재인(Recognition)과 브랜드 회상(Recall)에 더 크게 작용하기 때문이기도 하다. 실제로도 바뀐 사운드 로고에 애착을 가지고 반응하는 사람들은 대부분 기존부터 브랜드에 대한 애정이 깊었던 소비자들이었다.

## BMW 사운드 로고의 변신

딩~! 딩~!

BMW는 10년 넘게 사용한 소위 '이중 징'이라고 불리는 사운드 로고를 사용해 왔었다. '이중 징'은 존재감과 무게감을 드러내는 느낌이었다. 광고 끝에 덧붙여질 때는 묵직한 마침표 같은 느낌이 들기도 하며 브랜드의 당당함을 더했다. 실제로도 BMW 고객들로부터 많은 사랑을 받았다. 그러다 새 사운드 로고로 바꾸게 된다. 새롭게 바뀐 사운드 로고는 소리가 점점 커지다가 작아지면서, 자동차가 가까이 왔다가, 멀어지는 느낌을 준다(자동차가 슈욱~ 하고 지나가는 느낌). 음은 높은음에서 낮은음으로 흐른다. 소리를 뒤집어 사용하는 리버스 기법을 이용한 것이다.

소리를 통해 BMW의 브랜드 코어밸류인, 진정한 드라이빙의 즐거움을 더 적극적으로 표현하고자 한 것으로 보인다. BMW 측에서도 BMW 브랜드의 진보와 역동성 그리고 joy를 담아낸 것이라고 설명한다. 처음 새로운 사운드 로고를 접한 충성도 높은 고객이나, 내부

고객(직원)은 바뀐 사운드에 대해 어색함을 드러내기도 했지만, 곧 새로운 시대(New Era)가 시작됐다는 느낌을 받았다고 얘기하기도 했다.

사운드 로고가 브랜드 이미지와 정체성, 더 나아가서는 브랜드를 통한 연대감에 직간접적 영향을 끼칠 수 있다는 것을 느낄 수 있었다. 확실히 자동차 브랜드들은 사운드 로고 이외에도 엔진소리, 자동차를 여닫는 문소리, 창문을 내릴 때 나는 소리 등 사소한 사운드 하나하나까지 신경을 쓴다. BMW는 청각적 요소 개발을 위해, 연구부서를 두어 차량에 관한 소리의 모든 것을 연구하고 있을 정도로 소리를 통한 브랜딩에 많은 투자를 하고 있다.

## "소리로 연인이 되어라"

비단 자동차 브랜드뿐만 아니라, 브랜딩에 남다른 감각을 가진 기업들은 하나같이 사운드 디자인에 공을 들인다. 앞서 말한 인텔이 그렇고, 맥도날드가 그렇고, 코

카콜라가 그렇다. 별다른 사운드 로고가 기억나지 않는 삼성도 해외에서는 사운드 로고를 사용하고 있다. 브랜딩과 크리에이티브 작업에 있어서 지금껏 소리에 큰 관심을 기울이지 않았다면, 이제는 주목할 필요가 있다. 사소한 접점에라도 사운드 요소를 접목해 보는 것만으로 브랜드는 한층 더 세련돼 보일 수 있고, 크리에이티브의 완성도도 눈에 띄게 달라질 수 있다. 더 나아가 브랜드의 세계관은 더욱 확장되고, 그 소리를 중심으로 소비자와의 정서적 유대도 강화될 수 있다. 크리에이티브에 있어서 소리는 친구보다 연인이 되는 데 효과적이다.

크리에이티브 어프로치 10.

# 사람을 이야기하라

**Putting people first**

사람들이 가장 관심이 많은 것은 무엇일까? 여러 가지가 있겠지만 사람들이 가장 관심을 기울이는 것은 사람일 때가 많다. 크리에이티브의 답을 모르겠을 때는 사람 이야기를 해보자. 사람 이야기를 하는 것만으로도 사람들은 관심을 기울이게 된다.

낙후된 고가도로를 공원화하는 프로젝트가 있었다. '도로를 막고 공원으로 만들겠습니다'라는 메시지는 기존에 그 도로를 이용했던 사람들에게 반감이 컸다. 고민 끝에 사람을 이야기하자는 생각이 들었다. '차량길이 사람길이 됩니다'라는 메시지를 전달했다. 사람을 이야기하는 것만으로도 기존의 반감이 어느 정도 누그러지는 것을 경험하게 되었다. 사람들이 합리적인 토론의 장으로 나왔다.

빌 클린턴 전 미국 대통령의 선거 슬로건은 'Putting people first'였다. 정말 좋은 슬로건이라고 생각한다. 이것이 한국에 와서는 '사람이 먼저다'라는 슬로건으로 변용되어 사용되기도 했다. Putting people first는 선거 슬로건에만 해당되는 메시지가 아니다. 크리에이티브에도 해당된다. 사람 이야기를 하고 거기에 더해서 휴머니티를 활용한다면 사람들의 공감을 이끌어 낼 수 있을 것이다.

**휴머니티**

여기 2개의 카메라 광고가 있다. 첫 번째 광고는 '쉽게 사용할 수 있고 가벼운 무게로 휴대성이 좋아 부모에게 적합한 카메라입니다'라고 이야기한다. 두 번째 광고는 '하루하루 커가는 너의 일상을 간직할 수 있다는 것은 큰 행운이야'라고 이야기한다. 여러분이라면 어떤 메시지의 카메라를 선택할 것인가? 아마도 대부분 휴머니즘이 살아 있다고 느끼는 두 번째 광고를 택할 것이다.

 사람 이야기는 힘이 있다. 우리는 사람을 이야기할 때 가장 공감하기 쉽다. 또 사람 이야기가 제일 재밌기도 하다. 사람을 이야기하며 공감을 이끌어 내는 휴머니티는 크리에이티브 접근법 중 힘이 센 어프로치라고 할 수도 있을 것이다. 해외 공익광고 중 길가에 버려진 가구를 볼 때는 '어딘가에 쓸데가 있지 않을까' 하고 고민하면서, 노숙자를 보면 왜 피하냐는 공익광고가 있다. 피하지 말고 그들이 재기하도록 도움을 주라는 메시지가 마음에 와닿았고 실제로 노숙자를 돕는 캠페인에도 여러 번 참여하게 됐다. 이처럼 휴머니즘은 사람을 울리고 움직이게 하는 힘이 있다.

### 의인화

의인화도 사람을 이야기하는 방법 중 하나라고 생각한다. 의인화는 우리가 이야기하려고 하는 제품이나 브랜드에 사람처럼 생명을 불어넣는 것이다. 의인화를 통해 사람들은 친숙함과 새로움을 동시에 느끼게 될 것이다. 미원의 65주년 브랜디드 콘텐츠는 미원이 늘 요리의 감칠맛을 더해주는 조미료 역할을 하는 것에 착안해 미원을 서브 남자 주인공으로 의인화했다. 카피는 '난 항상 한 걸음 뒤에 있었다' 하고 시작한다. 미원 제품을 짝사랑하는 인물로 의인화해서 동정심과 안쓰러움을 느끼게 하고 대상에 대한 친근감을 유도했다. 결과는 성공적이어서 많은 이들이 유튜브를 통해 해당 브랜디드 콘텐츠를 감상하였고 미원에 감정 이입했다는 댓글이 많이 보였다.

일본의 신도리코의 디지털 복사기 회사에서는 '머리 달린 복사기가 왔다'는 카피를 사용하며 디지털 복사기를 대중의 머릿속에 각인시킬 수 있었다. 단순하게 복사기에 디지털 기능을 더하여 업무를 처리하기에 똑똑

해진 복사기가 있다고 이야기하는 것보다 훨씬 더 사람들에게 와닿고 생동감 있게 다가온다.

이외에도 SK하이닉스 반도체 역시 반도체를 남녀로 의인화해서 헤어지고 재회하는 과정을 담고 있다. 새로움, 친숙함 그리고 유머가 의인화에서 나타나고 있고 SK하이닉스 캠페인 중 가장 성공한 캠페인이라는 평을 듣기도 했다.

SK 하이닉스 반도체 의인화 광고 – 반도체 칩을 사람으로 의인화했다

해외 광고 중에서도 바람을 의인화해서 칸 광고제에서 황금사자상을 수상한 광고도 있다. 독일 에너지 기

업 Epuron사는 바람을 의인화해서 유머러스하게 접근한 뒤, 바람을 의인화한 사람을 채용하는 방식의 크리에이티브로 바람의 잠재력을 활용하는 풍력 에너지 기업으로서의 이미지를 알리고자 했다.

Epuron사의 바람을 의인화한 풍력 에너지 광고
- Let's put his energy to good use

**화자에 캐릭터 부여하기**

사람과 관련된 접근법 중 또 하나는 스토리의 화자에 특정 캐릭터를 부여하는 것이다. 의인화까지는 아니더라도 스토리의 화자에게 캐릭터를 부여하는 것만으로도 스토리가 훨씬 풍성해지는 것을 경험할 수 있다. 예를 들어 '커피를 맛있게 하기 위해, 신은 겨울을 만들었나 보다'라는 카피의 일본 스타벅스 광고를 들여다보자. 이 말을 하는 사람은 어떤 사람일 것 같은가? 머릿속에 한 명의 인물을 그려본다면 그는 온화하고 감성적인 사람일 것이다. 문학을 좋아하는 사람일 것이라는 생각이 들기도 하고 영화 〈러브레터〉의 주인공이 떠올려지기도 한다. 인물에 캐릭터를 부여했기에 이런 창작물이 탄생했다고 생각한다. 또 스토리화하기도 훨씬 편해진다. 다른 예시를 위해 포카리스웨트의 카피를 보자. '뇌의 80%는 수분. 시험 전에 필요한 것은 공부만이 아니다'. 이 카피의 화자는 어떤 사람일 것 같은가? 머리에 열공!이라는 띠를 맨 사람이 그려진다. 수험생 혹은 취준생일 것 같고 조금 딱딱한 이미지를 가진 이성적인 사람일 것도 같다. 이처럼 화자의 캐릭터를 먼저 설정하고 접근을 한다면 스토리가 훨씬 풍성해지면서도 일관성 있게 구성될 수 있을 것이다.

캐릭터 설정하기를 통해 스토리를 만드는 과정을 조금 더 자세히 살펴보자. 한 학생이 작성한 과제를 예로 들어보겠다. 전자책 구독 플랫폼 '밀리의 서재'의 광고를 제작한다고 가정한다면, 화자에 어떤 캐릭터를 부여하는지에 따라 전혀 다른 스토리가 나올 수 있다. 먼저 여유를 가지고 차 한잔하며 책을 읽는 것을 즐기는 사람이라는 캐릭터를 설정한다면, 다양한 북 카페, 독립 서점, 감성적이며 예쁜 미소 등이 그려지는 감성적인 광고물이 제작될 것이다. 반면 지적이나 냉철하고 이성적인 사람이라고 캐릭터를 설정하면 조금은 다른 광고물이 제작될 것이다. 그에게 책은 자기계발의 수단이고, 독서 토론 동아리에서 활동하며, 책에 대해 열띤 이야기를 나누는 것을 좋아할 것이다. 이 인물에 맞춰 학생이 작성한 메시지는 '오늘 읽을 책을 내일로 미루지 말자, 밀리의 서재'다. 어떤가? 실제로 어떤 캐릭터를 부여했는지에 따라 다른 스토리가 나온다. 동일한 밀리의 서재임에도 불구하고, 어떤 인물을 상상하는가에 따라 완전히 다른 스토리가 구성되는 것이다.

이처럼 캐릭터 부여하기를 이용해서 창작물이나 글쓰기를 작성하다 보면 그 캐릭터를 어떻게 바꾸느냐에 따라 다양한 개성의 창작물을 작성할 수 있다.

앞에서 살펴본 것처럼 사람을 활용하여 접근하는 방법은 여러 가지가 있다. 분명한 것은 휴머니티든 의인화든 캐릭터 부여하기든 사람들은 사람을 이야기할 때 더 큰 관심을 갖는다는 것이다. 또한 사람을 이야기할 때 더 다양한 이야기를 전달할 수도 있다. 크리에이티브에 대한 해답을 찾아내기 어려울 때 우선 어떤 사람이, 어떤 사람에게, 어떤 사람 이야기를 전달할 것인지 떠올려 보자. 사람을 이야기하는 것만으로도 솔루션을 찾을 수 있을 것이다.

크리에이티브 어프로치 11.

# 아픈 손가락
# 건드리기

**아픈 손가락을 건드려라**

현대 사회에서 소비자들은 광고와 콘텐츠의 홍수 속에 살고 있다. 미디어 크리에이티브의 업무를 담당하는 사람들은 큰 부담을 느낄 수밖에 없다. 광고와 콘텐츠의 대량 생산에 지친 소비자들은 미디어에서 언제든 떠날 준비가 되어 있기 때문이다. 소비자들을 내 콘텐츠에 붙잡아 두기 위해서는 어떻게 해야 할까? 무엇보다 그들의 관심사에 호소해야 할 것이다. 그중에서도 소비자의 아픈 지점, 즉 페인 포인트(pain point)를 녹여내는 것도 효과적인 방법이 될 수 있다. 메시지를 보고 '어,

저거 내 이야기인데?', '내 아픈 손가락을 건드리네', '저건 그동안 외면하고 있던 건데'와 같은 생각을 하게끔 유도할 필요가 있는 것이다. 가시를 발견한 대중들은 해당 카피를 쉽게 잊지 못하게 되고 만일 잊었다 하더라도 자신의 가시를 다시 마주할 때마다 해당 광고를 떠올릴 확률이 높다.

몇 가지 예를 들어 살펴보자. '공부는 작심삼일 하기 쉽다'라는 카피가 있다. 오랜 기간 꾸준히 공부하는 것에 어려움을 느끼는 사람들을 공략하는 카피이다. 작심삼일이라는 가시를 통해 소비자의 아픈 지점을 건드려 주목을 끌고 자신과 비슷한 이야기를 한다는 인식을 형성하여 공감대를 넓혔다. 이렇게 유대를 형성한 뒤, 그에 맞는 해결책을 제품 광고를 통해 제공한다. 작심삼일이라는 가시로 소비자를 찌른 이후 12주 챌린지로 영어 공부를 방해하는 나쁜 습관을 고치는 것을 도와주겠다는 메시지를 전하고 있는 것이다.

'굿닥'은 사용자의 주변에 위치한 병원 또는 약국을 찾아주고, 성형 및 건강정보 등을 제공하는 어플리케이션 서비스이다. '굿닥'에서는 나도 모르는 내 안의 콧물 포텐이라는 메시지를 개발했다. 여기에서는 콧물포텐이라는 조어를 사용해 비염을 앓고 있는 사람들의 가시를 건드리고 있다. 이렇듯 평소 자신을 괴롭히는 아픈 손가락을 언급한다면 브랜드에 대한 연상은 높아질 것이다.

> "당신의 별명이 안경인 것은
> 그 안경이 당신과 어울리지 않기 때문이다"

또 하나 재미있는 사례를 살펴보면 '당신의 별명이 안경인 것은, 그 안경이 어울리지 않기 때문이다'라는 광고 카피이다. 단순히 당신이 안경을 써서 별명이 안경인 것이 아니라 안경과 본인이 어울리지 않기 때문에 별명이 안경이라는 것이다. 안경을 끼면서 어울리지 않는다는 이야기를 듣는 사람들이 많이 있지만, 스스로 '아 나는 안경이 어울리지 않는 사람이구나'라고 생각하며 그냥 체념하고 살아간다. 그런 사람에게 당신이 문제가 아니라 당신의 안경이 문제라는 메시지를 전한다. 가시의 역할은 누군가를 찌르는 것이 아니다. 가시는 자신을 보호하기 위해 존재한다. 이처럼 아픈 손가락을 건드리는 카피는 소비자를 찌르기 위해 존재하는 것이 아니라 소비자가 다치지 않게 당신을 도와줄 것이라는 메시지를 전달하기 위해 존재하는 것이다.

아픈 손가락을 건드리는 것에서 한 단계 나아가면 도발하기의 단계에 이를 수도 있다. 다음은 포르쉐의 광고 카피다. 'Honestly now, did you spend your youth dreaming about someday owning a Nissan or Mitsubishi?' 해석해 보면 '솔직히, 당신은 닛산이나 미쓰비시 소유를 꿈꾸며 청춘을 보냈습니까?'이다. 해당 광고는 북미 포르쉐 딜러에서 제작한 것으로 어렸을 때의 꿈과는 다른 현실을 건드리는 것이다. 어린 시절 우리 모두 포르쉐를 꿈꿨을 텐데 왜 일반적인 승용차 브랜드의 자동차를 타고 있냐는 것이다. '꿈'이라는 키워드로 소비자를 도발하였다.

## 터부를 깨트리면 크리에이티브가 보인다

그 사회에서 당연시 여기는 문화를 건드리는 방법도 있다. 이케아가 한국에 론칭할 당시 한국인이 당연하게 여기는 것들을 깨는 광고를 만들어 보면 어떨까 하고 생각했다. 여러 아이디어들 중 하나는 집사람, 바깥사람이라는 단어를 건드려 보자는 것이었다. 남자는 바깥사람, 아내는 집사람. 지금이야 그런 구분이 희미해졌지만, 아직도 그렇게 부르는 호칭은 남아 있다. 그래서 이것에 대해 도전하는 질문을 던져보자고 생각했다.

Na)
남자는 바깥사람, 여자는 집사람
왜 우리는 구분해서 불러야 할까?

모두가 집사람이 되는
행복한 집

집으로 가자
이케아

아이디어가 최종단계까지 올라갔지만 집행되지는 않았다. 하지만 광고주 반응은 좋았다. 특히 스웨덴 광고주는 자기네들도 비슷한 호칭이 역시 존재한다며, 흥미로운 어프로치라고 좋아했다. 당연하게 여기는 것들, 혹은 그들만이 가지고 있는 터부를 건드리는 것은 미처 생각해 보지 못했던 것들을 생각하게 하는 뾰족한 크리에이티브 접근법 중 하나이다.

### Pain Point를 해결하라

앞에서는 고객의 아픈 손가락 건드리기를 살펴보았다. 여기에 더해 페인 포인트를 해결하는 것도 중요하다. 어떻게 페인 포인트를 해결하는지에 따라 소비자의 관심도도 달라질 것이기 때문이다. 몇 가지 예시를 살펴보자.

#### "금융이 쉬워진다" - 토스

이 카피는 토스의 핵심 가치인 간편함이 드러나는 문

장이다. 토스의 등장으로 인해 송금조차도 간단하지 않았던 인터넷 뱅킹 서비스 업계에 혁신이 일어났다. 토스의 서비스는 기존의 방식들과 비교하여 너무나도 쉬웠기 때문이다. 토스는 고객들이 금융서비스를 어렵게 생각한다는 페인 포인트를 해결함으로써 자신의 브랜드 가치를 드러냈다.

### "찾아가던 맛집을 원하는 곳에서" - 배달의 민족

'배달의 민족' 등장 역시 소비자들의 일상에 큰 변화를 줬다. '배달의 민족'으로 인해 거의 모든 음식을 배달로 먹을 수 있게 되었다. 오직 배달만 하는, 배달전문점까지 생겨나는 추세이다. 배달의 민족은 특별한 날 혹은 약속이 있는 날에 찾아가서 먹는 맛집의 음식을, 집에서도 먹고 싶어 하는 소비자들의 페인 포인트를 파악하여 배달의 민족이 그러한 고객에게 제공할 수 있는 혜택과 가치를 카피로 나타내었다.

### 카림 라시드의 생수병

디자이너 카림 라시드는 파리바게뜨의 생수병 디자인을 맡은 적이 있다. 사람마다 물을 마시는 방식은 다르다. 어떤 사람은 병째로 들고 마시지만, 어떤 사람은 반드시 컵에 따라 마시는 습관이 있다. 카림 라시드는 바로 이 점에 주목했다. 그는 생수병의 뚜껑을 컵 모양으로 디자인하여, 뚜껑을 돌려 내려놓으면 자연스럽게 컵으로 사용할 수 있도록 했다. 병 입구에 직접 입을 대야 하는 불편함을 해결하면서도, 작은 변화 하나로 더 나은 사용자 경험을 만들어 낸 것이다.

이처럼 단순히 페인 포인트를 발견하는 데서 그치는 것이 아니라, 그것을 내가 가진 본질적인 가치로 풀어낼 수 있다면 사람들은 이를 진정한 크리에이티브로 받아들일 것이다. 불편한 점을 짚어내고, 거기에 대한 해결책을 제시하는 것. 어쩌면 크리에이티브의 본질은 바로 여기에 있다. 선배 크리에이터들이 크리에이티브를 Problem Solving이라고 정의한 것도 같은 맥락일 것이다.

크리에이티브 어프로치 12.

# 숫자에
# 기대어 보자

무엇이든 숫자로 말하라는 말이 있다. 그만큼 사람들은 숫자를 신뢰한다. 숫자에서 읽히는 스토리를 통해 소비자들의 신뢰를 붙드는 것 또한 크리에이티브 어프로치 중 하나이다.

"신에게는 아직 열두 척의 배가 있습니다." 우리나라 사람이라면 누구나 알고 있는 이순신 장군의 비장한 명언이다. 이 글귀가 사람들에게 임팩트를 남길 수 있었던 것은 이순신 장군의 비장함과 더불어 열두 척의 배라는 숫자 때문일 것이다. 숫자는 문장의 매력도를 높여준다. 또 사람들로 하여금 기억하기 쉽게 만들어 준다. 숫자를 잘 활용해서 크리에이티브의 매력도를 높인 사례는 광고나 브랜딩에서 꽤 많이 볼 수 있다. 모나미 153 볼펜의 경우 지금까지도 153이 과연 무엇을 뜻하는지 여러 설이 있을 정도로 소비자의 관심도를 높였다.

### 숫자로 둘러싸인 세상

빼빼로데이, 밸런타인데이 등 세상에 존재하는 수많은 데이 마케팅은 모두 숫자를 활용한 마케팅이라고 할 수 있다. 사람들은 그만큼 숫자에 둘러싸여 살아가고 있고 숫자로 이야기하기를 좋아한다. 데이터가 중요해진 세상에서는 숫자가 아니면 말을 하지 말라는 말이 있기도 하다. 숫자는 사람들로 하여금 정확성과 신뢰성을 느끼게 해준다. 숫자가 주는 신뢰성을 차용하는 것이 크리에이티브 어프로치 중 또 하나의 중요한 방법이 될 수 있다.

브랜드 대상을 받은 애경의 2080치약은 숫자를 활용한 크리에이티브의 대표주자 격이라고 할 수 있다. 20

개의 건강한 치아를 80세까지 유지하라는 의미를 담은 네이밍인데, 세계구강 보건학술대회의 캐치프레이즈 치아건강 8020에서 따온 것이다. 한국 사람들은 작은 숫자가 앞에 나오는 것을 선호하기 때문에 2080으로 바꾼 것인데, 이 전략이 유효했던 것으로 보인다. 앞에서 말했던 강력한 심상을 남기는 네이밍과도 일치한다고 볼 수 있다.

### 빼빼로데이의 유래

신입사원 시절 대홍기획 본부장님이 빼빼로데이의 유래가 뭔지 아냐고 자랑스럽게 물어보신 적이 있다. 본인이 관여했던 프로젝트였기에 무척 뿌듯해하며 그 유래를 말씀해 주셨다. 빼빼로데이의 처음 시작은 영남지방의 여학생들이 11월 11일 날씬해지라고 서로에게 빼빼로 과자를 선물한 데서 유래했다고 한다. 그것을 보고 11월 11일을 사랑하는 사람에게 빼빼로를 전하는 말로 규정하여 마케팅했다고 한다. 일 년 동안 판매되는 빼빼로 매출의 35% 정도가 바로 이 주간에 판매된다고 하니 실로 성공한 프로젝트라 할 수 있다. 지금은 그 정도가 조금 줄어들기는 했지만, 지난 수십 년간 빼빼로데이는 사랑하는 사람들 사이에서 지켜야 하는 절기로 자리 잡았다.

### 줄무늬는 세 살 젊게 한다

좋아하는 광고 카피 중에 옛날 의류 브랜드 광고 카피인데 '줄무늬는 세 살 젊게 한다'라는 카피가 있다. 줄무늬는 젊어 보이게 한다가 아닌 줄무늬는 세 살 젊게 한다라는 카피가 소비자들의 상상력을 자극하고 과장된 느낌을 주지 않으면서 줄무늬 옷에 대한 호감을 느끼게 하면서 해당 브랜드 선호도를 높이게 해준다. 숫자를 활용한 크리에이티브의 효과라고 할 수 있다.

앞에서도 언급했던 광고계의 아버지라 불리는 데이비드 오길비는 '시속 60마일로 달리는 신형 롤스로이스 안에서 들리는 가장 큰 소리는 전자시계 소리이다'라는 카피로 역사상 가장 성공한 자동차 광고를 만들어 냈으며 롤스로이스 판매량을 크게 높였다. 여기에서도 시속 60마일이라는 숫자가 활용되었기에 카피의 말맛과 신뢰감과 매력도가 더 올라갔다는 생각이 든다. 만약 빠르게 달리는 롤스로이스 안에서라는 애매한 카피로 쓰여졌다면 신뢰도나 호감은 훨씬 줄어들었을 것이다.

"시속 60마일로 달리는
신형 롤스로이스 안에서 들리는
가장 큰 소리는 전자시계 소리이다"

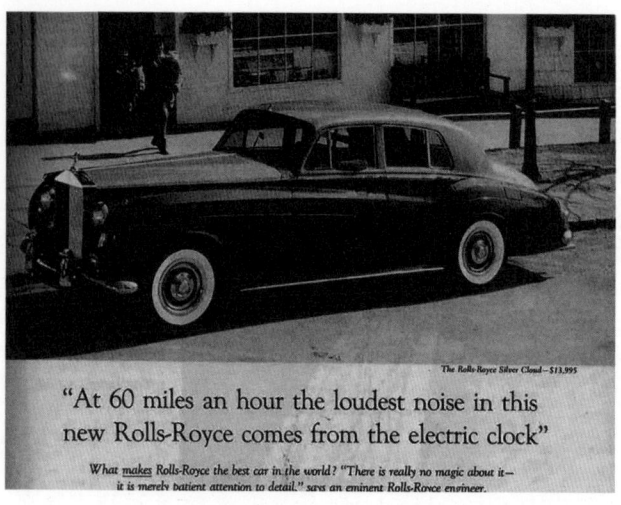

'40은 두 번째 스무 살'이라는 일본 의류 광고 카피도 맘에 든다. 이 카피 역시 숫자로 카피의 매력도를 증가시켰다. 단순히 마흔 살은 아직 젊은 나이다라고 말하는 것보다 이 카피는 소비자로 하여금 브랜드에 대한 관심도를 높였다. 이 외에도 숫자를 활용해서 성공한 크리에이티브 사례는 많다.

### 골라 먹는 재미, 배스킨라빈스 31

배스킨라빈스 31에 31이 빠졌다면 다양한 맛이 있어 매일매일 골라 먹는 재미가 있다는 브랜드의 정체성이 크게 와닿지 않았을 것이라 생각한다. 숫자는 신뢰성을 주고 설득력을 높인다. 또한 숫자를 언급하는 것만으로도 구체성을 기반으로 한 이미지를 떠올리게 하여 크리에이티브의 선호도를 높여준다. 숫자가 주는 매력이다. 우리가 어딘가에 나가서 프레젠테이션할 때 꼭 자기주장에는 세 가지 근거가 있다는 식으로 말하는 것 또한 무의식적으로 이러한 것들이 반영된 것이리라. 우리가 전달하고자 하는 것을 숫자로 만들어 표현해 보자. 아니면 별칭으로라도 숫자를 활용해 보자. 숫자를 사용하는 것만으로도 사람들의 선호도가 높아지는 것을 경험하게 될 것이다.

크리에이티브 어프로치 13.

# 밈(Meme)을 무기 삼아라

크리에이티브의 가장 핵심적인 과제는 사람들이 창작물에 관심을 갖게 하는 것이다. 이를 위해서는 단순히 정보를 전달하는 것을 넘어, 소비자와의 공감을 통해 흥미를 유발하고, 기억에 남을만한 인상을 남겨야 한다. 소비자의 흥미를 끌어들이는 방법은 다양하다. 브랜드가 제공할 수 있는 이득을 강조하거나, 신선한 정보를 전달하거나, 예상치 못한 독특한 표현으로 호기심을 자극하는 것이 대표적이다. 하지만 그중에서도 '재미'를 통해 소비자의 관심을 사로잡는 것은 특히 효과적인 방법이라 할 수 있다.

## 재미의 핵심, 공감

사람들은 자신과 관련이 있거나 이미 알고 있는 이야기를 새로운 방식으로 접할 때 자연스럽게 관심을 갖는다. 여기서 중요한 요소는 바로 '공감'이다. 소비자가 자신과 관련성을 느끼고, 자신의 경험이나 기억과 연결할 수 있는 스토리텔링은 강력한 매력을 발휘한다. 이러한 공감대를 형성하는 데 있어 최근 많은 광고에서 주목받는 방법이 바로 '밈(Meme)'의 활용이다.

밈은 인터넷에서 유행하는 이미지, 글, 영상 등을 통해 특정 메시지를 전달하며, 공유되는 과정에서 자연스럽게 대중적인 스토리와 재미를 형성한다. 밈의 특성상 소비자에게 친근함을 줄 뿐 아니라 자발적인 공유를 유도할 수 있기 때문에, 효과적인 크리에이티브 전략으로 자리 잡을 수 있다.

## 밈의 정의와 크리에이티브와의 연관성

'밈'이라는 개념은 1976년 리처드 도킨스가 저서《이기석 유선사》에서 처음 제안했다. 그는 밈을 유전자처럼 자기복제적 특성을 가지며 문화적으로 전파되는 요소로 정의했다. 그러나 인터넷의 보급 이후, 밈은 단순한 학술적 개념을 넘어 온라인에서 빠르게 퍼지는 이미지, 영상, 텍스트 등을 지칭하는 용어로 자리 잡았다. 특히 광고는 밈의 확산성과 흥미로운 스토리텔링 구조를 적극적으로 활용하여 소비자와 효과적으로 소통할 수 있게 되었다.

### 밈 마케팅의 성공 사례

2019년 버거킹의 '올데이킹' 광고는 밈 마케팅이 광고의 성공을 얼마나 크게 이끌 수 있는지를 보여준 대표적인 사례이다. 이 광고는 과거 드라마에서 배우 김영철이 협상 중 외친 "사딸라"라는 대사를 활용했다. 해당 대사는 당시 이미 인터넷상에서 큰 인기를 끌며 밈으로 자리 잡고 있었고, 버거킹은 이를 광고에 접목해 '사딸라, 버거킹 땡큐'라는 간결하고 유머러스한 문구를 완성했다. 이 광고는 TV 방영뿐만 아니라 온라인에서도 빠르게 퍼져나가며 큰 화제를 모았다. 특히 배우 김영철이 직접 광고에 출연해 밈의 정체성을 더욱 강화했으며, 결과적으로 올데이킹 세트는 출시 후 일년도 채 되지 않아 1천만 세트 판매를 기록하는 성과를 거뒀다.

또 다른 사례로는 농심의 새우깡 광고가 있다. 이 광고는 가수 비의 노래 〈깡〉이 인터넷에서 밈으로 부상한 것을 활용했다. 농심은 "화려한 조명이 나를 감싸네"라는 가사의 감각적 표현을 새우깡 제품과 연결해 소비자에게 신선한 재미를 제공했다. 이 광고는 새우깡뿐만 아니라 감자깡, 양파깡 등 다른 제품 시리즈로 확장되며 매출 상승에도 기여했다.

### 사투리를 활용한 감성적 소구

밈과 비슷한 접근 방식 중 사투리를 활용한 감성적

소구도 효율적인 크리에이티브 어프로치 중 하나라고 말할 수 있다. 소비자와의 친밀감을 형성하는 방법 중 하나는 지역적 정체성을 강조하는 '사투리'의 활용인 것이다. 사투리는 표준어와는 다른 독특한 리듬감과 정서적 친밀함을 가지고 있어 소비자들에게 더 강렬하고 재미있는 인상을 남긴다. 예를 들어, 숙박 앱 '여기어때'는 각 지역의 사투리를 활용해 '여기어때'라는 문구를 다양한 방언으로 표현했다. '여어떻노(경상도)', '여그어 떠(전라도)' 등 지역별 방언을 사용해 소비자와의 공감대를 형성했으며, 이는 브랜드에 대한 긍정적인 이미지를 확립하는 데 기여했다고 볼 수 있다.

뿐만 아니라 사투리는 새로운 지역적 요소를 접하는 소비자들에게 신선한 재미를 제공한다. 이 같은 접근은 포스터나 옥외광고와 같은 오프라인 매체에서도 효과적으로 활용될 수 있어 광고 캠페인의 다양한 확장을 가능하게 한다.

## 명언과 관용구의 창의적 변형

익숙한 명언이나 관용구를 창의적으로 변형하여 광고에 적용하는 것도 소비자의 흥미를 끌 수 있는 강력한 방법이다.

삼성전자의 갤럭시 A 광고 나는 찍는다, 고로 존재한다

삼성전자의 갤럭시 A 광고 '나는 찍는다, 고로 존재한다'는 데카르트의 철학적 명제를 활용해 제품의 메시지를 간결하면서도 강렬하게 전달했다. 공익광고에서

도 이러한 방식은 효과적이다. 영국 NHS(National Health Service)는 '말보다 행동이 많은 것을 이야기한다'라는 관용구를 차용해, '당신의 피가 당신의 말보다 더 많은 것을 이야기한다'라는 헤드라인으로 헌혈 캠페인을 집행했다.

결국 성공적인 광고는 소비자가 쉽게 이해하고 공감할 수 있는 방식으로 메시지를 전달해야 한다. 밈, 사투리, 명언과 같은 요소는 소비자에게 친숙한 공감대를 형성하며, 브랜드에 대한 긍정적인 이미지를 심어주는 데 중요한 역할을 한다고 볼 수 있다.

creative
approach

# 4부
# 크리에이티브 단련하기

**읽고, 쓰고, 질문하기**
**크리에이티브 단련하기**

아이디어는 한순간의 번뜩임이 아니라, 매일의 훈련과 태도에서 자란다.
어떻게 쓸 것인가, 무엇을 질문할 것인가, 어떤 가치관으로 생각할 것인가.
크리에이티브는 살아 있는 실천이다.

크리에이티브 어프로치 14.

# 어떻게 쓸 것인가
# - 크리에이티브 라이팅

 어떻게 쓸 것인가? 글쓰기에 대한 고민은 직업과 계층을 뛰어넘어 모두가 가지고 있는 듯하다. 요즘처럼 개인화된 미디어로 활발하게 소통하는 세상에서는 더욱 그렇다. 글을 쓰는 것을 직업으로 하는 사람은 어떨까? 나 역시도 카피라이터로서 글쓰기에 대한 어려움을 느꼈을 때가 많았다.

 카피라이터의 고민은 크게 두 가지다. 좋은 아이디어를 떠올리는 것, 그리고 그 아이디어를 글로 표현해 내는 것. 카피라이터라면 들어봤을 질문이 있다. '글을 잘 쓰는 카피라이터가 되고 싶은가요? 아니면 아이디어가 뛰어난 카피라이터가 되고 싶은가요?' 어느 쪽도 쉽게

고를 수 없을 정도로 둘 다 포기하기 어려운 갖고 싶은 능력이라 할 수 있다.

비단 이런 고민은 우리나라 카피라이터에게만 해당하는 것은 아닌가 보다.

FCB 브뤼셀이라는 광고회사의 한 카피라이터가 본인의 소셜미디어에 다음과 같은 글을 쓴 적이 있다. 깨달음을 주는 인사이트가 담긴 글이었다. 글을 잘 쓰기를 원하는 친구들에게도 전하면 좋을 것 같아서 원문 그대로 인용해 본다.

"I really can't write.

That's a problem, because I'm a copywriter.

I discovered it in my first year in an agency, when my Creative Director said 'You really can't write.'

He was right. I have no style. I can't create beautiful rhythmic sentences that sound like music. I can't spin stunning metaphors or gorgeous descriptions. I don't play with words. Words play with me.

'But', he said, 'The good news is: If you have interesting

things to say, nobody will notice you can't write.'

I had to think about it for a while, but it was the best advice I ever got.

Instead of focusing on the 'how' I would say things, I started to focus on 'what' I would say. On the idea. On the argument to sell the product. The insight to convince the reader. Since then, I've been hiding my lack of literary talent behind ideas.

If you can't say things in an interesting way, make sure you have something interesting to say.

I've been pretending to be a copywriter for 10 years now.


난 글을 정말 못 써요.

그건 큰 문제예요, 왜냐하면 내가 카피라이터이기 때문이죠.

에이전시에 근무한 첫해에 나는 그 사실을 알게 되었죠. CD님이 '너는 글을 쓸 줄 모르는구나'라고 말씀해 주셨습니다.

그가 옳아요. 저는 글에 대해 저만의 스타일이 없었습니다. 음악처럼 들리는 아름다운 리듬의 문장을 만들 수 없고, 놀라운 은유나 멋진 묘사를 할 수 없었죠. 글을 가지고 놀아야 한다는데 그러기는커녕 오히려 글이 나를 가지고 놀았습니다.

하지만 뒤이어 CD님이 말해줬습니다,

'그래도 다행인 것은 네가 흥미로운 말할 거리를 가지고 있다면, 아무도 네가 글을 잘 못 쓴다는 것을 눈치채지 못할 거야'

CD님의 조언에 대해 곰곰이 생각해 봤습니다. 그것은 내가 받은 최고의 조언 중 하나였어요. 나는 그 이후에 '어떻게' 쓸 것인가에 대해 초점을 맞추기보다는 '무엇을' 쓸 것인지에 대해 초점을 맞추기 시작했어요. 아이디어에 대해서, 제품을 잘 팔기 위해 필요한 콘셉트에 대해, 그리고 소비자를 설득하는 인사이드에 대해 초점을 맞춘 것이죠.

그 이후로, 나는 나의 부족한 글쓰기의 재능을 아이디어 기대어 살고 있습니다.

만약 여러분이 흥미로운 방식으로 글을 쓸 수 없다면, 여러분이 흥미로운 말할 거리를 가지고 있는지 확인해 보세요.

어쨌든 지금 나는 10년째 카피라이터인 척하고 있어요"


"네가 흥미로운 말할 거리를 가지고 있다면, 아무도 네가 글을 잘 못 쓴다는 것을 눈치채지 못할 거야"

어떤가? 정말 위트도 있고, 공감 가는 글이지 않은가. 이 카피라이터가 자기가 글을 못 쓴다고 말하는 것은 지나친 겸손으로 보인다. 이 글은 문체도 좋고 내용도 잘 읽힌다고 생각하기 때문이다. 또한 무엇보다 흥미로운 말할 거리를 가지고 있다. 여기에서 말한 것처럼 본인이 글을 잘 못 쓴다고 생각한다면 수려한 글쓰기에 집착하기보다는 어떻게 흥미로운 말할 거리를 찾아낼 것인지에 대해 집중하기 바란다. 필력이 조금 떨어진다 할지라도 고민이 담긴 색다른 생각 혹은 뾰족한 콘셉트에 기대어 써 내려간 흥미로운 말할 거리는 독자도 주목할 것이고 더 매력을 느끼게 될 것이기 때문이다.

### How to say와 What to say

광고 역사의 초창기에는 How to say와 What to say 중 무엇이 중요한지에 대해 여러 광고인이 논쟁하였다. How to say를 강조한 사람의 대표주자는 빌 번벅이라는 사람이고, What to say를 강조한 사람은 데이비드 오길비이다. 빌 번벅은 폭스바겐의 싱크스몰이라는 광고를 만들었고, 데이비드 오길비는 '시속 60마일로 달리는 롤스로이스에서 가장 큰 소리는 시계 초침 소리입니다'라는 카피로 유명한 롤스로이스 광고를 만들었다.

How to say를 강조한 빌 번벅은 광고는 소비자들의 마음을 훔치는 예술적인 표현이 중요하다고 말했고, What to say를 강조한 데이비드 오길비는 한 편의 광고를 통해 무엇을 말할 것인지가 중요하다고 주장했다. 나는 과거에는 What to say는 단지 무엇을 말할 것인지 고민하는 과학적인 사고이고 How to say는 예술적인 사고라 생각해서 빌 번벅의 철학을 더 좋아하기도 했다. 광고인이라면 창의적이어야 하고 창의적이다라는 것은 How to say가 중요하다고 생각했던 것이다.

### What to say는 흥미로운 말할 거리 찾기

하지만 시간이 흐르면 흐를수록 What to say는 단지 소재 찾기가 아닌, 구체적인 사고와 데이터를 바탕으로 더 명확하고 재미난 이야깃거리를 찾아내는 것이라고 생각했다. 요즘은 How to say 못지않게 What to say 의 What을 찾아내는 것 또한 깊은 고민의 결과물일 수밖에 없고 크리에이티브 과정 중 중요한 부분이라고 생각한다. 이를 글쓰기에 대입해 본다면 문체도 중요하지만, 흥미로운 이야깃거리를 찾아내는 것 또한 중요하다는 말이다.

표현이나 글쓰기에 조금 서툴다고 생각된다면, 집요한 조사와 제품에 대한 탐색으로 흥미로운 말할 거리를 찾아내기 바란다. 그것이 곧 크리에이티브 라이팅의 시작일 것이다. 벨기에 브뤼셀의 카피라이터 말처럼 당신이 흥미로운 말할 거리를 찾아낸다면, 모두가 당신이 글쓰기에 재능이 있다고 생각할 것이기 때문이다.

크리에이티브 어프로치 15.

# 제대로 질문하라
# - 질문력

**질문력이 크리에이티브다**

생성형 AI의 시대다. 무엇을 물어보든 즉각적인 대답이 돌아온다. 사람들은 지식노동자의 역할 대부분이 사라질 수 있다고 걱정한다. 자료조사, 자료 분석은 물론 기획서, 연설문 심지어 소설 같은 창조성 높은 작업까지 대신해 준다. 때때로 미처 생각해 내지 못한 인사이트를 제공해 주기도 한다. 카피라이터를 비롯해 창조적인 직업을 가진 사람들에게도 도움을 주기도 하지만 위협이 되기도 한다. '새로 론칭하는 빨간색 운동화에 대한 카피를 작성해 줘'라는 말에 망설임 없이 매력적인 카피를 써 내려가는 생성형 AI를 보면 놀랍기 그지없다. 심지어 요즘 세대에게 잘 먹히는 인스타 감성까지 충만하다. 7~8년 차의 카피라이터에 견주어 봐도 손색이 없을 정도다.

그렇다면 나만의 크리에이티브는 어디에서 찾을 수 있을까. 어려운 문제이지만 어떻게 질문하는지가 나만의 크리에이티브를 찾는 시작이라고 생각한다. 바로 질문력이 곧 크리에이티브가 되는 것이다. 같은 주제를 가지고도 어떤 질문을 하느냐에 따라 전혀 다른 답변이 따라오게 된다.

### '느리게 생각해'와 '검증해 줘'

생성형 AI에 질문할 때 기억하면 좋을 두 가지에 대해 생각해 보자. 바로 '느리게 생각해'와 '검증해 줘'이다. 이 두 가지 요청만으로도 AI 답변의 질을 높이고, 질문력을 강화할 수 있다. 사람의 사고방식에는 두 가지 유형이 있다. 하나는 직관적으로 빠르게 결론을 내리는 방식(시스템1)의 유형이고, 다른 하나는 신중하고 체계적으로 생각하는 방식(시스템2)의 유형이다. 노벨상 수상자 대니얼 카너먼은 빠른 사고와 느린 사고로 명명하기도 했다. 챗GPT와 같은 대규모 언어모델은 기본적으로 빠르게 답을 생성하는 시스템1 유형의 사고방식을 따른다. 하지만 너무 빠른 답변은 표면적이거나, 때론 오류를 포함할 가능성이 높다.

'느리게 생각해'라고 요청해 보라. '느리게 생각해'라고 요청하게 되면 생성형 AI는 시스템 2유형의 느리고 체계적이며 심도 있는 사고를 통해 답변해 준다. 더 깊이 있는 답변을 도출해 낼 수 있다. 또 답변 이후에 '검증해 줘'라고 다시 한번 요청하게 되면 이미 답했던 대답을 다시 한번 검토해 준다. 확실치 않았던 대답은 확인해 줄 수 없다고도 대답해 주고, 답변에 대해서 근거를 찾아준다. 이 두 가지 요구만 잘 사용해도 생성형 AI의 대답의 오류를 줄일 수 있고, 당신의 질문력을 높일 수 있다.

## 크리에이티브를 위한 질문

질문이 중요한 것은 비단 생성형 AI를 다룰 때만의 문제는 아니다. 앞으로의 미래에 많은 영역에 있어서 질문력은 더 중요할 수밖에 없다고 본다. 크리에이티브 역시 어떻게 질문을 하느냐에 달려 있다. 어떻게 질문을 던지느냐에 따라 우리에게 주어지는 답도 달라진다. 그렇다면 좋은 질문이란 무엇일까.

먼저 구체적인 질문이어야 한다. 구체적인 질문이 구체적인 답변을 이끌어 낸다. 처음 시작은 범위가 넓은 질문으로 시작할 수 있지만 답을 찾아감에 따라 질문이 더 구체적이고 뾰족해져야 한다. 그래야만 우리가 원하는 답을 찾을 수 있기 때문이다. 질문이 뾰족해야 답도 정확해질 수 있다. 앞에서도 말했듯 광고회사에서 손에 잡히는 구체적인 아이디어를 좋아하는 데에는 이것이 더 창의적인 결과물로 이어지기 때문이다.

또한 크리에이티브와 연결된 좋은 질문은 단순히 과거를 확인하는 질문이 아닌, 미래의 변화를 기대하는 질문이라고 생각한다. 얼마 전 성경 사복음서를 읽었다. 사복음서 중 마지막 책은 《요한복음》인데, 《요한복음》의 마지막 장은 예수님의 질문으로 끝난다. 부활한 예수님이 베드로에게 "네가 나를 사랑하느냐"라고 물으신다. "내가 주님을 사랑하는지 주님께서 아십니다"라는 베드로의 대답에도 똑같이 세 번 물으신다. 하필 사복음서 중 마지막 책, 마지막 장에 이 질문이 나온 이유는 무엇일까.

앞에서 말했던 서울시 3.1절 캠페인으로 '나를 잊으셨나요'라는 질문을 카피로 만들어서 위안부 피해자 길원옥 할머니의 손 글씨로 작업했던 적이 있다. 그때 당시 나는 과거를 잊지 말자는 의미에서 카피를 썼었다. 그런데 생각해 보니 그 질문은 과거에 대한 질문이 아니었다. 예수님께서 베드로의 대답에 "내 양을 먹이라, 내 양을 치라"라고 화답했던 것처럼, 3.1절 캠페인에서 던진 저 질문은 미래의 우리에게 앞으로 어떻게 살 것인지를 묻는 질문이었다.

## "미래의 변화를 요구하는 질문"

 

생성형 AI 덕분에 우리는 질문을 쉽게 던지고 즉각적인 답을 얻을 수 있는 시대에 살고 있다. 하지만 중요한 것은 많이 질문하는 것이 아니라, 어떻게 질문하느냐이다. 이제는 단순한 정보 탐색을 위한 질문을 넘어, 더 나은 답을 이끌어 내는 질문이 필요한 시대다.

좋은 질문은 구체적이면서도, 새로운 가능성과 변화를 예고하는 힘을 가진다. 즉 크리에이티브한 질문력을 키우려면 단순한 호기심이 아니라, 미래를 향한 시선과 명확한 의도를 담은 질문을 던져야 한다.

질문이 곧 사고의 방식이 되는 시대, 질문의 질(質)이 크리에이티브를 결정짓는다.

### 크리에이티브의 선결 조건, 구체성

질문을 할 때 구체적이어야 한다고 말했지만, 앞 장에서는 네이밍도 이미지가 그려질 수 있도록 구체적으로 해야 한다고 말했었다. 유난히 구체적이어야 한다는 이야기가 많이 나오는데, 구체성이 크리에이티브의 선결 조건이기 때문이다. 또한 이 구체성은 집요할 정도로 구체적이어야 한다고 본다.

구체성을 이야기하기 위해 대선 정치 광고 캠페인에 대해서도 한번 이야기해 보자. 정치 광고의 꽃은 슬로건이라 할 수 있다. 슬로건에 대해 대선 캠프 사람들의 관심도도 높고, 또 많은 사람들이 슬로건 개발에 기여하고 싶어 한다. 자기가 만든 슬로건이 선거 기간 내내 사람들에게 오르내리면 기분도 좋을 것이고 선거가 승리하게 될 경우 본인의 포트폴리오가 될 수 있기 때문이다. 그래서인지 선거 기간의 상당 시간을 슬로건을 개발하는 데 투여한다. 정치 광고계에서 유명한 카피라이터도 이 슬로건 작업을 하는 데 많은 노력을 기울이는 것을 본 적이 있다. 소비자(유권자) 입장에서 잘 기억도 안 나는 뭉툭한 선거 슬로건이 실은 수많은 고민과 날밤 새우는 작업 끝에 탄생한 것일 때도 있다.

### 정치 광고 슬로건

내가 정치 슬로건을 개발해야 할 때도 고민을 많이 했다. '어떻게 하면 새 날아가는 소리, 뭉뚝한 슬로건이 아닌 손에 잡히는 구체성을 담은 슬로건을 개발할 수 있을까?' '선거 슬로건이 기억에 남지 않는 건 텐저블하지 않기 때문일 거야'. 이런 고민 끝에 해외 슬로건을 찾아본 적이 있다. 생각했던 대로 성공한 선거 슬로건 중에는 구체성이 그려지는 슬로건이 많았다. 그중 기억에 남는 슬로건은 'A chicken for every pot'이었다. 모든 냄비에 치킨 한 마리씩이라는 슬로건인데, 1928년 경제를 강조했던 미국 공화당 후보가 내세웠던 슬로건이다. 모든 가정에서 풍요로운 식사를 하는 모습을 그리고 있다. 뒤에 이어지는 내용은 '모든 집 뒷마당에 차 한 대씩을'이라는 내용이다. 슬로건이 구체적이어서 뒷마당에 차가 있는 중산층이 치킨 요리를 해 먹고 있는 상황이 그려지기까지 한다. 이념적이거나 추상적이지 않고, 실질적인 이미지가 떠오른다. 하나하나 소개할 수는 없지만 성공한 슬로건 중에는 이 외에도 구체적인 선거 슬로건이 많았다.

이제 우리나라 선거 캠페인에도 역사에 남을만한 강력한 슬로건이 나올 때가 되었다고 생각한다. 하지만 우리의 정치 광고 슬로건을 보면, 국민 정서상 너무 튀는 표현을 꺼리다 보니 무난한 경우가 많다. 세나가 해외에서 사용된 슬로건을 단순 번역해 쓰는 경우도 적지 않다.

그러나 유권자의 마음을 움직이는 슬로건이 되려면 난순한 자용이나 형식석인 눈구를 넘어, 우리 현실에 맞는 실질적인 편익을 담고 있어야 한다. 더 나아가, 유권자가 그 슬로건을 듣는 순간 명확한 이미지가 떠오를 수 있도록 구체적이어야 한다. 그래야만 선거 슬로건이 단순한 캠페인의 액세서리가 아니라, 실제로 유권자의 마음을 흔들고 지지율에도 영향을 미칠 수 있다.

결국, 크리에이티브는 구체성에서 시작된다. 질문도, 대답도, 슬로건도 마찬가지다. 집요할 정도로 구체적일 때, 사람들의 마음속에 강렬한 인상이 새겨지고, 우리가 원하는 크리에이티브가 구현될 수 있다. 구체성―그것이 크리에이티브의 본질이자 성공의 열쇠다.

크리에이티브 어프로치 16.

# 크리에이티브의
# 해답을 찾는 일
# - 보편성과 특수성의 조화

**보편성과 특수성의 조화**

"나는 실패했다. 크리에이티브에 대한 해답을 찾는 것에"

BBC코리아 다큐 PD였던 지인의 말이다. 현업에서 물러나 학계로 간 그 PD는 특수성과 보편성의 조화를 찾는 일이 크리에이티브라고 생각한다고 말하면서도, 십수 년간 그 분야에서 일했지만 은퇴하는 그 순간까지 본인은 그것에 성공하지 못했다고 것이다.

특수성과 보편성의 조화란 예를 들면 이런 것이다.

우리나라 남북정상회담 당시 남북한의 정상이 만나는 상황은 특수성 면에서는 높은 점수를 매길 수 있다. 하지만 이것만으로는 부족하다. 전 세계가 공감할 수 있는 보편성을 찾아야 한다.

정상회담이 좋은 결과를 내어 종전선언이 이루어지면, 먼저 탈북해 남한에 사는 어머니가 북한에 있는 딸을 만나게 될 수도 있다. 보고 싶어도 만나지 못하는 모녀지간의 사랑을 이야기하는 데에서 보편성을 찾았다. 그리고 이 둘을 조화시켜 BBC 본사에 보냈더니 본사에서 방송이 결정되었고 전 세계에 온에어 할 수 있었다고 한다. 나라별, 대륙별, 리전별, 피칭을 거쳐 BBC 본사에서 그날 방송될 2~3개 꼭지가 결정되는데 하루도 안 빠지고 매일 이런 치열한 경쟁을 거친다고 한다.

더 구체적으로 다른 예를 들어보자. 다큐에서 많이 다루는 도시빈민의 이야기는 보편성은 있지만, 어느 나라에서도 들을 수 있는 이야기이기 때문에 특수성은 떨어진다. 이런 경우 세계시장에 콘텐츠를 파는 데 실패한다. 반면 일본 극우집단들이 인종차별을 대놓고 하며 집회를 벌인 적이 있는데, 이것에 저항하는 야쿠자 출신 시민단체 대표의 이야기는 차별금지라는 보편성과 야쿠자 출신이 대표라는 특수성을 함께 가지고 있다. 이 두 가지가 조합된 콘텐츠는 세계시장에 팔릴 수 있었다.

사실 크리에이티브 분야 전문가들의 이야기를 들으면 실체보다는 포장에 대한 이야기가 많아 조금은 공허할 때가 많은데, 오랜만에 진짜 이야기를 들었다. 진짜 이야기를 들으면 힘이 난다. 그리고 크리에이티브에 대한 해답을 찾는 것에 실패했다는 솔직한 고백이 오히려 나에게는 해답처럼 느껴졌다.

이렇듯 한 분야에서 오랫동안 일했던 사람들도 크리에이티브란 무엇인지에 대한 답을 찾는 게 어렵다. 특수성과 보편성을 조화시키는 일이 중요하다고 하면서도 특수성을 몇 프로로 가져가고 보편성을 몇 프로로 가져가야 하는지 도무지 모르겠다고 한다. 그러면서 결론을 내리길 보편성 1만%, 특수성 1만%는 되어야 비로소 본인의 작품을 세상에 내놓을 생각을 하게 되는 게 아닐까 하고 생각한다고 말한다.

흔히들 특별한 상황이나 특별한 아이디어만을 크리에이티브의 전부라고 생각할 때가 많은데, 청중들의 공감을 이끌어 낼 수 없는 보편성이 없는 특수성만으로는 크리에이티브는 실패하게 된다. 그렇다고 공감을 이끌어 내는 보편성만을 내세우면 그 창작물의 새로움이나 매력도는 떨어질 수밖에 없다. 보편성, 특수성 둘 다 1만%에는 달해야 한다는 고백이 과장은 아니라는 생각이 든다.

보편성과 특수성의 조화를 가장 잘 보여주는 예시 중 하나는 앞서 소개한 바 있는 영국의 유명 아티스트 '뱅크시'의 작품들이라고 생각한다. 그는 오래전부터 정치, 사회적인 문제와 관련된 예술 작품을 선보여 왔다. 기본적인 미술 작품들부터 퍼포먼스적 요소까지 아우르며 우크라이나 전쟁, 가자지구/서안지구 분쟁 등 특수하고 구체적인 주제를 통해 사람들이 공감할 만한 보편적인 문제를 드러내는 방식으로 사회를 비판해 왔다. 이처럼 냉소적이면서도 통찰력 있는 그의 작업은 전 세계 대중의 뜨거운 관심을 받고 있다.

최근 런던에 등장한 그의 신작은 죽은 나무를 배경으

로, 나뭇잎을 연상시키는 초록색 페인트가 뒤쪽 벽면에 덧칠되어 있다. 그림의 좌측 하단에는 페인트 통을 들고 서 있는 여성이 등장해, 마치 그녀가 나무에 생명을 불어넣은 듯한 인상을 준다. 이는 요즘 지속적으로 진행되고 있는 환경 단체의 물감 테러 이슈를 구체적으로 표현함과 동시에 환경 파괴를 멈추자는 보편적인 메세지를 암시하고 있다. 이렇듯 보편성과 특수성의 조화를 갖춘 크리에이티브는 전 세계 사람들로 하여금 매번 큰 울림을 주고 있다.

아래 나이키 광고도 '보편성과 특수성의 조화'를 이룬 크리에이티브 중 하나라고 할 것이다.

나이키 광고의 보편성은 '누구나 운동을 통해 자신의 한계를 넘어설 수 있다'라는 메시지를 담고 있는 것이다. 2016년에는 스포츠 브라를 광고하며 플러스 사이즈 모델을 내세웠다. 이 광고는 전통적인 미의 기준에서 벗어난 뚱뚱한 여성을 모델로 내세워, 운동선수나 모델 같은 체형의 사람뿐 아니라 다양한 체형의 사람들도 운동을 즐길 수 있다는 뜻을 특수성을 가지고 담아내고 있다. Body Positive 운동과 뜻이 맞닿는 광고이다. 이 광고로 구체적인 모델, 타깃 지정을 통해 보편성과 구체성의 조화를 이루어 냈다.

2021년 선보인 임산부 광고는 나이키가 줄곧 이야기하는 운동을 통해 자신의 한계를 뛰어넘는다는 보편적 가치에 더해 '임산부'라는 특별한 상황을 설정하여 보편성과 구체성의 조화를 담아내고 있다. 여성의 임신과 출산, 육아라는 특별하고도 구체적인 상황이 나이키가 추구하는 보편적 가치에 잘 녹아든 광고라고 생각한다.

## ROI 모델

광고 전략 모델 중에 DDB Needham의 ROI라는 모델이 있다. 투자 대비 수익률이라는 회계용어인 ROI와는 다르게 광고 전략 모델 ROI는 다음 세 가지 단어의 뜻을 가지고 있다.

R은 Relevance(연관성)의 앞 글자이고, O는 Originality(독창성), I는 Impact(임팩트)의 앞 글자이다. 위에서 특수성과 보편성이 조화를 이루어야 한다고 말한 것처럼, 크리에이티브는 독창적(Originality)이고 임팩트(Impact)가 있어야 하면서도, 동시에 제품과 그리고 소비자와 연관성(Relevance)이 있어야 한다는 것이다. 연관성이 없는 동떨어진 아이디어는 그것이 아무리 파격적이라고 하더라도 크리에이티브하다고 볼 수가 없다.

특수성과 보편성의 조화를 구하듯이, 우리는 독창성과 임팩트를 가진 아이디어를 내면서도 상황과 소비자와 제품과의 렐러번스(연관성) 또한 생각해야 할 것이다. 크리에이티브 분야에 근무하게 되면 아이디어는 뛰어난데 렐러번스가 없다는 지적을 받을 때가 종종 있다. 물론 크리에이터 나름대로의 의도가 반영되어 있을 테지만, 렐러번스가 없다면 클라이언트나 소비자로부터 선택을 받기 어렵다.

흔히들 얘기하는 사례가 델몬트 오렌지 주스 따봉이다. 따봉이라는 신조어를 만들어 낼 정도로 소비자들에게 널리 회자된 '델몬트 오렌지 주스, 따봉' 광고는 아쉽게도 광고로서는 대히트를 쳤으나 따봉과 델몬트 오렌지 주스를 연결시키지 못했다. 렐러번스를 만들어 내지 못한 것이다. 따봉 광고는 기억하지만 그 광고가 델몬트 오렌지 주스 광고인지 기억하지 못한다. 이로 인해 전 국민이 애용하는 유행어를 만들어 냈음에도 매출을 끌어올리는 데에는 실패한 광고로 남고 말았다. 이러한 점을 만회하기 위해 뒤이어 따봉주스라는 신제품을 출시하기도 했는데, 시기를 놓쳐서인지 역시나 큰 효과는 없었다. 렐러번스의 중요성을 간과한 사례로 지금도 소비자 행동론 같은 교재에서 자주 언급되고 있다.

반면 GS칼텍스의 'I'm your energy' 캠페인을 보자.

정유회사라는 업의 본질을 '소비자에게 에너지를 선사하는 기업'으로 포지셔닝했으며, 아임 유어 에너지라는 콘셉트와 슬로건하에 다양한 아이디어를 만들어 냈다. 잘 뽑아낸 콘셉트는 하나의 우산처럼 여러 아이디어와 캠페인들을 같은 방향을 향하게 하면서도 서로 연결시킨다. 아이디어와 제품 간의 렐러번스뿐만 아니라 캠페인 간의 렐러번스도 강한 것이다.

'아임 유어 에너지'라는 아이디어를 확장시켜 단순히 산업의 에너지를 이야기하는 것을 넘어, 대한민국 시민을 응원하고 그들에게 에너지를 불어넣는다는 '마음이음 연결음'까지 캠페인을 확장시켰다. 이는 아이디어와 콘셉트의 렐러번스가 강하기 때문에 가능한 일이다. 마음이음 연결음은 전화 상담자의 감정노동의 어려움을 줄이고자 하는 노력의 하나로 전개되었으며, 소비자와 상담자 간 전화 연결 전 멘트에 '제가 사랑하는 엄마가 상담해 드릴 예정입니다' '제가 사랑하는 우리 딸이 안내해 드릴 예정입니다' 등의 특수성이 느껴지는 구체적인 멘트를 집어넣었다. 소비자는 이러한 특수성에서 얼굴은 보이지 않지만, 전화 상담원도 내 주변의 이웃이라는 보편성을 찾았을 것이다. 실제로 이 캠페인 이후로 소비자들의 전화 상담상 폭언이 많이 줄었고, 다른 기업이나 공공기관들도 비슷한 멘트를 전화상담 연결음에 집어넣기도 하였다. 세상을 바꾼 기업의 캠페인이라고 할 수 있다. 이처럼 렐러번스가 강한 아이디어는 크리에이티브의 확장성을 키운다. 소비자들은 그 아이디어를 통해 자연스럽게 기업이나 제품을 떠올릴 수 있으며, 이는 강력한 연결 고리가 된다.

ROI, 그리고 보편성과 특수성의 조화. 이 기준 속에서 크리에이티브가 균형을 이룰 때, 아이디어는 현실에 닿고 더 많은 사람들의 공감도 얻을 수 있다. 특수성은 아이디어를 뾰족하게 만들어 시선을 끌게 하고, 보편성은 그 안에 담긴 메시지를 더 많은 이들과 나눌 수 있게 한다. 이 둘 사이의 균형을 의식하며 일할 때, 결과물은 단순히 잘 만든 것을 넘어 사람들의 마음에 오래 남는다.

우리의 크리에이티브가 스스로 만족하는 수준을 넘어 세상의 공감을 얻기를 바란다면, 바로 이 균형에 대한 고민에서 변화가 시작될 것이다.

creative
approach

5부

# 라이프스타일과 크리에이티브

**당신이 살아가는 방식,
라이프스타일이 곧 크리에이티브가 된다.**

우리가 살아가는 방식이 결국 창의력의 모양을 만든다.
멈춤과 여백, 사랑하는 시선, 한계를 대하는 태도.
삶은 가장 크고 넓은 크리에이티브의 무대다.

크리에이티브 어프로치 17.

# 라이프스타일이 크리에이티브가 된다

**북유럽의 가구회사가 가구시장을 제패한 이유**

이케아와 BMW를 담당하며 유럽에 출장을 다녀올 때가 많았다. 그러다 문득 왜 북유럽 디자인, 북유럽 가구회사가 세계의 가구시장을 제패하게 됐을까 하는 생각에 빠진 적이 있다. 북유럽의 겨울은 5개월이 훌쩍 넘는다. 날씨도 그냥 추운 게 아닌, 극한의 추위다. 또 위도 때문에 겨울에는 해도 일찍 진다. 실제로 한겨울에는 오후 3시를 조금 넘으면 벌써 주변이 깜깜하다. 당연히 집 밖에 나가기보다는 집에서 머무르는 시간이 많아질 수밖에 없지 않을까. 집에 있는 시간이 많아질수록 집 안에서의 삶을 즐기기 위해 더 노력하게 된다. 당연하게도 사람들은 집 안에서의 행복, 즉 Happiness Inside를 중요한 가치로 생각하지 않을 수 없다.

## "Happiness Inside"

Happiness Inside는 이케아의 코어밸류이다. 자연스럽게 집에 대해 생각하고, 집 안에서 누릴 수 있는 행복한 삶을 생각하고, 그렇게 해서 집 안의 가구 및 라이프스타일 용품에 대해 중요하게 생각하는 사람들이 많아지게 되고 관련 산업도 함께 발전하게 되는 것이 아닐까. 덴마크와 핀란드 역시 세계적인 주방용품 및 라이프스타일 브랜드들로 유명한 것을 보면 그것이 우연은 아닌 듯하다.

## BMW와 Driving Pleasure

BMW를 생각해 보자. BMW의 코어밸류는 Joy이다. 이를 자동차 브랜드의 가치로 표현해 보면 Driving Pleasure이다. 다이내믹한 운전의 즐거움을 제공한다는 것이다. 다른 자동차 브랜드와는 달리 BMW에서는 트럭을 만들지 않는다는 것을 알고 있는가? 벤츠 트럭은 봤어도 BMW 트럭은 본 적이 없을 것이다. 그 이유가 바로 자신들만의 코어밸류인 드라이빙 플레저를 지켜나가기 위함이라고 한다. 해석의 여지가 있겠지만, 트럭은 아무래도 드라이빙 플레저와는 거리가 있는 제품군이므로 BMW는 트럭을 만들지 않는다. 드라이빙 플레저는 '운전을 즐길 수 있는 환경'과 '운전을 즐길 수 있는 시간'이 있어야 누릴 수 있을 것이다. 새벽 출근, 심야 퇴근, 꽉 막히는 도로에서 드라이빙 플레저를 누리기는 쉽지 않다.

다른 유럽인들도 마찬가지겠지만 독일계 광고회사에서 경험한 독일 사람들은 다른 건 몰라도 주말과 한 달 넘는 휴가는 꼭 챙기곤 한다. 비단 독일 사람들뿐만 아니라 유럽 국가들의 문화일 것이다. 그리고 그들은 연휴 기간 또는 주말을 이용해서 가까운 이웃 나라로 운전하며 여행하기를 즐겨한다.

출장 중에 독일 남부와 오스트리아를 잇는 국도를 운전할 일이 있었는데, 그냥 운전만 했을 뿐인데도 드라이빙 플레저가 무엇인지 느껴졌다. 시간을 내고, 운전을 하고, 여행을 가고. 그러면서 드라이빙 플레저의 가치를 생각하게 되지 않을까. 당연히 그런 라이프스타일과 문화가 제품으로서의 자동차에도 반영될 것이다. 결론적으로 독일의 정교함이 자동차 산업을 키웠다면, 그것을 누리고 즐길 줄 아는 문화가 세계 최고의 자동차 브랜드들을 만들어 낸 것이라 생각한다. 누리고 즐기는 사람 그리고 제품과 문화를 사용하고 사랑하는 사람들이 많을수록 관련된 산업도 발전하고 브랜드도 성장하는 것이다.

## 라이프스타일과 브랜딩

우리의 인생도 마찬가지 아닐까. 하루, 일주일, 그리고 우리의 인생에서 무엇을 하면서 시간을 보내는지가 개인 브랜딩에 매우 중요하다. 지금 보내는 시간이 10년 뒤의 당신을 결정한다는 말도 있다. 10년 뒤뿐만 아니라 지금 내가 보내는 시간이 나라는 브랜드를 결정한다. 다시 말해 취미, 취향과 그것을 누리는 라이프스타일이 우리 브랜드의 방향성을 결정하고 그 가치에 영향을 끼치는 것이다. 요즘 들어 취향을 중요시하고, 취향에 맞는 커뮤니티가 증가하는 것은 크리에이티브가 중요시되는 시대에 어울리는 방향성이라고 생각한다.

*"어떤 것을 하며 시간을 보내는지*
*또 어떤 분야에서 즐거움을 느끼는지가*
*결국 나의 브랜드가 된다"*

당신은 일 외에 어떠한 것을 하며 시간을 보내고 있

는가. 우리가 어떤 것을 하며 시간을 보내는지, 또 어떤 분야에서 즐거움을 느끼는지가 결국 나의 브랜드가 된다. 성취만을 추구하는 패러다임에서 벗어나, 삶을 즐기고, 내가 좋아하는 라이프스타일을 따라가는 것, 그것이 우리라는 브랜드의 방향성을 결정하는 방법 중 하나일 것이다.

또한 너무 자극적인 것들에만 시간을 뺏기지 말기를 바란다. SNS가 미디어의 주류로 등장하면서 동영상, 쇼츠 등 너무 찰나적인 것들을 소비하는 시대가 되어버렸다. 무라카미 하루키의 《상실의 시대》에서 주인공의 친구는 자기는 '시간의 세례'를 통과하지 않은 작품에 자기의 시간을 뺏기기 싫다는 말을 한다. 고전을 표현하는 여러 가지 말들이 있겠지만 시간을 뛰어넘어 변함없이 사람들에게 읽히고 향유될 가치를 지니는 것이 고전이다.

사실 크리에이티브란 인문학적 통찰을 기반으로 할 때가 많다. 자극적인 아이디어는 쉽게 휘발된다. 통찰이 바탕이 된 전략과 크리에이티브가 오래도록 살아남아 소비자들을 브랜드의 팬이 되게 한다. 크리에이티브력을 기르기 위해서라도 인문 작품과 고전, 그리고 오랫동안 사랑받는 예술 작품들에 우리의 시간을 쏟아야 할 것이다. 라이프스타일이 브랜드가 되듯, 우리가 어떠한 삶을 살고 어떠한 것에 시간을 보내는지가 우리의 크리에이티브를 결정할 것이다.

### 아리스토텔레스의 《레토릭》

학교에서 설득 커뮤니케이션을 강의한 적이 있다. 설득 커뮤니케이션 관련해서 아리스토텔레스는 《레토릭》이라는 책에서 로고스, 파토스, 에토스를 설득의 3요소로 규정했다. 로고스는 이성, 파토스는 감성, 그리고 에토스는 설득의 주체인 발신자의 신뢰에 해당한다. 누군가를 설득하기 위해서는 이성과 감성 그리고 설득의 주체가 누구인지가 중요하다고 이야기하는 것이다. 공공 기관에서 레토릭 전문가로 근무할 당시 정보와 감성도 중요하지만 어떤 주체가 이야기하는지가 제일 중요하다는 생각을 자주 했었다. 누가 이야기하는 것이 중요하다는 것은 그 메시지의 발신 주체가 어떤 삶을 살아

왔는지에 관한 문제이다.


## "로고스, 파토스, 에토스"

 사람에 대한 평가는 그 사람이 살아온 삶과 밀접한 관계가 있기 때문이다. 어떻게 하면 말을 잘할 수 있을까? 한 아나운서 지인은 말을 잘하기 위해서는 어떤 삶을 살았는지가 중요하다고 이야기한다. 말의 내용이나 말의 어투는 그 사람의 삶과 떼려야 뗄 수 없고 결국 잘 살아야 말도 잘할 수 있다는 것이다. 철학적인 이야기처럼 들리지만, 이것은 철학이 아닌 실리적인 답일 수 있다. 어떤 콘텐츠가 그 사람에 담겨 있는지가 그 사람의 됨됨이를 좌우하기 때문이다. 마찬가지로 어떤 삶을 살았는지가 크리에이티브의 역량을 좌우하기도 한다. 진정한 크리에이터가 되고 싶다면 어떠한 라이프스타일로 어떠한 라이프를 살아갈 것인지 다시 한번 생각해야 하는 대목이 바로 여기에 있다고 할 수 있다.

크리에이티브 어프로치 18.

# 네가 서 있는 곳을 사랑하라

브랜드는 특정 장소와 서로 밀접한 연관을 맺고 있는 경우를 자주 볼 수 있다. 브랜드의 정신적 기반 또는 정체성이 되는 곳이 있다고 볼 수 있는 것이다. 브랜드가 태어나고 자란 곳을 브랜드 태생이라고 할 수 있는데, 이 브랜드 태생은 브랜드력을 형성하고 그 브랜드의 정체성을 만드는 데 많은 영향을 끼친다. 몇 가지 예를 살펴보자.

**미네소타의 메이요 클리닉**

환자를 먼저 생각하고, 환자 중심의 운영으로 유명한

병원 브랜드 '메이요 클리닉'은 창립자가 군의관으로 근무했던 미네소타 로체스터에서 시작되었고, 이곳에서의 경험이 브랜드에 반영되어 성공적인 브랜드로 거듭나게 되었다. 또한 이 지역을 기반으로 브랜드도 더 성장할 수 있었다. 실제로 지금도 메이요 클리닉이 곧 로체스터 시티라고 할 정도로 도시 전체의 산업이 메이요 클리닉과 매우 밀접하게 연관되어 있다.

### 신시내티의 동물기름, P&G

초창기 비누와 양초를 주 제품으로 생산했던 글로벌 브랜드 P&G가 동물 기름을 많이 얻을 수 있는 미국 신시내티의 지역적 배경을 자양분 삼아 자라난 것도, 브랜드 태생과 브랜드와의 관계를 엿볼 수 있는 대목이다.

### 농부들도 편하게 신을 수 있는, 캠퍼

합리성과 편안한 신발의 대명사로 시작된 '캠퍼' 브랜드는 스페인의 한 시골 마을에서 시작되었다. 농부들이 편하게 신기 위한 신발로부터 출발했고, '캠퍼' 역시

농부라는 뜻이니 어쩌면 당연한 결과이다.

### 비의 도시 방수가방, 프라이탁

또 트럭용 방수천막을 재활용해 만든 가방으로 유명한 '프라이탁'이 비가 많은 자전거의 도시 스위스에서 탄생했고 성장한 것 역시 우연이 아니다.

이처럼 많은 브랜드가 그들이 위치한 지역과 상호작용 하며 자라났다.

실제로 몇몇 브랜드를 담당할 때, 그 브랜드의 본사

가 있는 도시에 출장을 다녀오고 나면 해당 브랜드의 철학을 더 잘 이해할 수 있기도 했다.

**이케아의 심장에 다녀오다**

이케아의 심장이라 불리는 스웨덴의 엘름홀트에 다녀온 적이 있다. 브랜드가 태어난 장소인 엘름홀트라는 소도시에서 느낀 자연의 색감이 이케아의 색감과 많이 닮아 있다고 느꼈다. 나무며 꽃이며, 간판이며 건물의 색깔들이 모두 이케아 가구에서 많이 봤던 색감이었다. 스칸디나비안 디자인의 색감이 뛰어난 이유는 결국 모두 그들이 살고 있는 자연환경에 기인한 게 아니었을까.

*"당신이 서 있는 곳이 브랜드의 심장이 된다"*

브랜드는 이처럼 자기네들이 둥지를 튼 그곳에서 브랜드의 문화를 빚어내고, 또 그곳의 문화와 어우러져서 브랜드의 색깔과 철학을 소비자에게 전파한다. 글로벌 브랜드라 할지라도, 그 브랜드의 본질인 정체성과 코어 밸류는, 그 브랜드의 심장이라 할 수 있는 장소와 긴밀한 영향을 주고받는 것이다.

지금 당신은 어디에 서 있는가. 당신이라는 브랜드의 가치에 영향을 끼치는 장소는 어디인가. 당신이 성장해 온 장소일 수도 있고, 지금 당신이 머물고 있는 그 자리일 수도 있다. 그곳은 매 순간 조금씩 당신에게 영향을 끼쳤고, 앞으로도 끼칠 것이며 당신과 상호작용 하며 당신이라는 브랜드의 완성도를 높여가고 있는 것이리라.

새로운 가치를 덧입히기 위해서 꼭 새로운 곳에 가야 할 것 같은 생각이 들기도 한다. 하지만 무엇보다 당신이 성장한 곳, 그리고 지금 당신이 있는 곳을 사랑하자. 바로 그곳이, 당신이라는 브랜드를 가슴 뛰게 하는 브랜드의 심장일 것이다.

크리에이티브 어프로치 19.

# 멈춤이
# 성장을 이끈다

 우리는 자의에 의해서든, 타의에 의해서든 열심히 달려가다 멈추게 될 때가 있다. 그리고 뜻하지 않은 멈춤은 우리를 좌절로 이끌기도 한다. 하지만 멈춤이 성장을 이끌고 기다림은 우리를 더 크게 자라게 할 수 있다. 멈춤과 기다림을 통해 더 크고 더 멀리 나아갈 수 있는 것이다. 흔한 비유이지만, 대나무를 보라. 대나무가 곧으면서도 높게 자라는 이유는 성장을 멈추고 기다리면서 생긴 마디 때문이다. 이 마디로 인해 힘이 모여지고 더 크게 자랄 수 있는 것이다.

 드럼통도 마찬가지다. 드럼통은 드럼통 보디에 위치

한 마디를 통해 충격을 견뎌낸다. 굴릴 때마다 쉽게 부서졌던 드럼통에 마디 하나를 새겨 넣자, 그 마디로 인해 약 4배 이상의 충격을 견뎌냈다고 한다.

마디 하나당 약 4배의 충격을 견뎌내는 드럼통

빌 게이츠는 매년 일주일씩 생각하는 주간을 가졌다고 한다. 이름하여 Think Week. 누구보다도 바쁜 일상을 내려놓고, 일주일 동안 아무것도 하지 않으며 생각만 한다고 한다. 스스로 마디를 만들어 내는 것이라고 할 수 있다. 자신의 이름을 딴 빌&멜린다 기부재단 역시 이때 떠올랐던 생각을 실행한 것이다.

크리에이티브를 이야기하면서 멈춤을 말하는 것은 멈춤에 대해 강박을 갖지 말자는 뜻도 있지만, 멈춤이 아이디어 발상에 도움을 주기 때문이기도 하다. 제임스 웹 영이 정리한 아이디어 발상법 중 3단계는 발상을 멈추고, 무의식적인 상황을 만드는 것인데 이것이 아이디어를 생각해 내는 데 큰 도움이 된다고 말한다. 1단계 자료의 수집과, 2단계 일반자료와 특수자료를 취합하여 생각을 정리하는 마음의 소화 과정을 거친 후 3단계 생각을 멈추고 잊어버리는 단계를 거칠 때 아이디어도 떠오른다고 한다. 실제로도 프로젝트를 새로 시작할 때 오리엔테이션을 하고, 자료를 수집하고 나름대로 아이디어 발상을 해본 후 한동안 다 잊어버릴 때 더 좋은 아이디어가 떠오를 때가 종종 있었다. 회의 시간에는 떠오르지 않던 아이디어들이 집에 가면서 오히려 그 주제에 대해 생각을 닫고 있을 때 떠오를 때가 종종 있다.

잘 풀리지 않는 주제나 고민이 있을 때 그 문제에 대해서만 고민만 할 것이 아니라 때로는 다 잊어버리고 다른 생각을 하는 것도 중요하다. 그때 생각의 마디가 만들어질 것이고, 생각의 마디가 굵어질수록 당신이 미처 떠오르지 못했던 크리에이티브한 아이디어도 떠오를 확률이 크다고 할 수 있기 때문이다.

## 아이디어 발상 단계

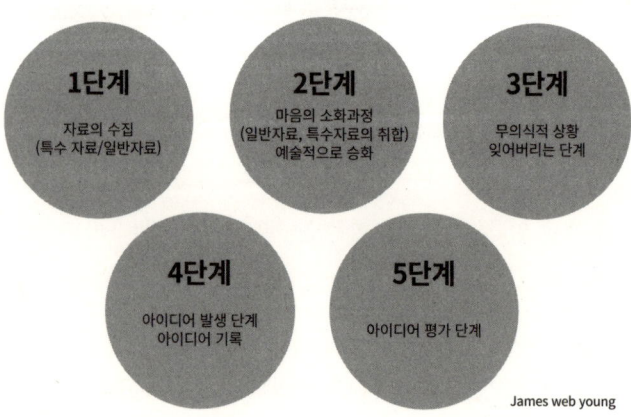

James web young

**중간광고에 대한 발상의 전환**

멈춰야 자란다는 원리를 광고 시청에도 적용시켜 볼 수 있다. 한때 중간광고에 대한 논란이 많았다. 중간광고는 콘텐츠의 시청을 잠시 멈추게 만든다. 한마디로 몰입을 방해한다고 볼 수 있다. 그런데 중간광고에 관한 이런 우리의 일반적인 생각과는 다른 흥미로운 결과를 도출한 논문이 있다. 우리는 흔히 중간광고는 프로그램의 시청을 방해한다고 생각한다. 한창 재미있을 무렵에 광고가 나오면 콘텐츠에 대한 몰입과 감정이입을 방해받기 때문이다. 이러한 생각은 TV 프로그램은 물론 유튜브 등 디지털 미디어에 대해서도 마찬가지다.

"중간광고가
TV 시청의 즐거움을 배가시킨다"

그러나 꼭 그렇지 않을 수 있다. 중간광고의 개입이 프로그램에 대한 무조건적인 적응(Adaption)을 막아줌으로써 오히려 프로그램의 즐거운 시청 경험을 강화시킨다는 것이다. 긴 프로그램을 한 번에 보는 것보다 중간광고를 통해 멈추면서 콘텐츠를 시청하게 될 때 여러 차례 쪼개서 보는 효과를 주어 오히려 프로그램에 대해 몰입도를 높인다는 것이다. 조건을 달리한 여섯 번에

걸친 연구에서 도출된 결괏값이니 전혀 근거 없는 말은 아닐 것이다.

모두가 중간광고의 해악만을 이야기할 때, 중간광고가 오히려 콘텐츠의 즐거움을 배가시킬 수 있지 않을까 하는 생각의 전환은 그 접근이 신선한 거 같다. 또 그 결과도 중간광고를 부정적으로만 봤던 것과는 달라서 흥미롭다.

크리에이티브 어프로치 20.

# 한계에서 크리에이티브가 시작된다

 젓가락만으로 컵 안에 가득 찬 물을 퍼낼 수 있을까? 젓가락을 마구 휘저어 컵 안에 회오리를 일으키면 물이 컵 밖으로 넘치게 된다. 일반적인 솔루션은 아니지만, 창의적인 방법이라 할 수 있을 것이다. 이처럼, 한계는 문제를 해결하는 과정에서 우리에게 창의성을 불러일으킨다. 예술 작품 중에 이처럼 한계를 넘어서기 위한 솔루션의 하나로 존재하는 작품들도 많다.

하늘우산(Sky Umbrella), 1992
티보칼맨

사진은 티보 칼맨의 하늘 우산이다. 비 오는 날이라는 물리적 한계. 비 오는 날에도 맑은 하늘을 보게 할 수는 없을까? 하는 창의적 생각. 물리적인 한계와 그 한계를 넘어서는 창의적인 생각이 결합하여 비 오는 날에도 하늘을 볼 수 있는 '하늘 우산'을 만들어 냈다.

**한계를 뛰어넘은 하늘 천, 따 지**

우리가 흔히 알고 있는 하늘 천, 따 지로 시작하는 천자문도 한계를 뛰어넘은 창의적인 솔루션으로 만들어 낸 작품이다. 천자문은 중국 남조 양(502~549)의 주양

제라는 사람이 하룻밤 안에 겹친 글자가 없는 1,000자의 시를 지어내지 않으면 사형에 처하겠다는 양 무제의 노여움을 피하기 위해 만든 것이다. 하룻밤이라는 피할 수 없는 시간적 한계를 뛰어넘기 위한 노력이 창의성을 불러일으켜 1,000글자로 된 시를 만들어 낸 것이다.

### 자동차에 가구 상자를 실을 수 없을까?

한 가지만 더 살펴보자. 가구를 옮길 때, 다리가 튀어나온 테이블은 자동차에 실어 옮기기가 쉽지 않다. 도무지 자동차 뒷좌석에 실리지 않는 테이블을 보고 그것을 어떻게 해결해야 할지 고민하던 사람이 있었다. 그 사람이 바로 이케아 창업주 잉그바르이다. 잉그바르와 이케아의 디자인 팀은 운반을 편리하게 할 수 있는 누구라도 쉽게 조립 가능한 DIY가구와 그것을 편리하게 옮길 수 있는 플랫팩이라는 납작한 포장 상자를 개발해 냈다. 그리고 그것은 결국 세계 최대의 가구 기업 이케아를 만들어 냈다.

한계에 지지 말자. 그 한계를 해결할 방법을 끈질기게 물고 늘어져 보자. 생각하고 또 생각하고, 실행하고 또 실행하는 과정 과정이 한계를 뛰어넘을 수 있는 창의적인 솔루션을 우리에게 안겨줄 것이다.

### 이 빠진 컵과 티백 걸이

흔히들 이가 빠진 컵은 쓸모없다고 생각한다. 결점으로 보이기 때문이다. 하지만 아래 사진 속 컵은, 그 결점을 발상의 출발점으로 삼았다. 컵의 홈집을 '티백 걸이'로 재해석한 것이다. 티백이 컵 안으로 빨려 들어가거나 끈이 흘러내리는 불편함을 겪어본 사람이라면, 이 작게 파인 홈이 얼마나 세심한 배려인지 알게 될 것이다. 결점이 단순한 홈이 아니라, 새로운 쓰임의 가능성으로 전환된 순간. 바로 그 순간이 크리에이티브의 진짜 출발점이다.

우리는 흔히 자신의 강점, 완벽함, 뛰어난 능력에서 가치가 비롯된다고 믿는다. 하지만 진짜 가치는 오히려 단점과 한계에서 시작되곤 한다. 무언가 부족하고, 어설프고, 틈이 있을 때 그 틈에서 빛이 들어온다. 크리에이티브란 그 틈을 그냥 넘기지 않는 태도이며, 한계를 다른 각도에서 바라보는 시선이다.

아이디어도 마찬가지다. 브랜드의 약점, 제품의 한계, 소비자의 불편. 그것들을 감추는 대신, 드러내고, 전복하고, 재해석할 때, 우리는 누구도 생각하지 못한 새로운 가치를 만들어 낼 수 있다. 사람들이 고개를 끄덕이고, 미소 짓고, 마음을 여는 그 순간은 대부분, 예상 밖의 어프로치에서 비롯된다. 한계가 시작점이 될 때, 창의성은 진짜 이야기를 하기 시작한다.

이 책의 처음에서 우리는 "어프로치의 차이가 크리에

이티브의 차이를 만든다"고 이야기했다. 그리고 지금, 마지막에 이르러 우리는 말할 수 있다. 한계를 바라보고 대하는 방식의 차이가, 세상을 바꾸는 크리에이티브를 만든다.

그러니 이제 한계 앞에서 주저하지 마라. 틈이 보인다면, 그 틈에서부터 시작하라. 멋진 크리에이티브는 언제나 그렇게 태어나니까.

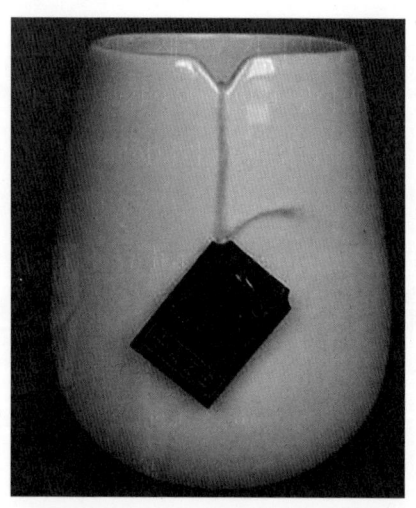

이 빠진 컵의 디자인을 티백 걸이로 활용한 컵

에필로그

# 크리에이티브,
# 작은 것을 내어놓는 일

'옥수동에 서면 압구정동이 보인다'
대학 시절 위 제목의 연극이 있었다. 빈부격차를 그려낸 작품이었다. 두 동네를 비교해 빈부의 차이를 극명하게 보여줄 만큼 옥수동은 달동네이고, 빈민촌이었다. 지금이야 압구정동에 부모를 둔 자식들이 독립해서 옥수동에 산다는 말이 있다. 새 브랜드 아파트도 많아졌고, 젊은 중산층들이 많이 모여 산다.

2001년 무렵, 옥수동이 아직 달동네였을 때 옥수동 꼭대기 한 작은 교회에 어느 목사님이 부임하셨다. 교회 주변에는 가난한 노인들이 많았다. 청년 시절 47kg

이었던 목사님은 우유를 먹고 50kg을 넘겨 공군사관학교 2차 면접을 치를 수 있었던 기억을 되살려 냈다. 그리고 가난한 어르신들에게 우유를 무료로 배달하기로 작정했다.

180ml 우유 한 팩 가격은 700원. 한 달이면 2만 1,000원. 100명에게 우유를 배달하는 데는 210만 원이 들었다. 경제적으로 여유가 있던 처남과 주변 성도의 도움을 받아 100명에게 우유를 배달했다. 처남이 210만 원씩 3년을, 3년 뒤에는 25명의 성도가 10만 원씩 후원을 했다고 한다. 뒤에 배달의 민족을 창업한 김봉진 씨는 이때까지만 해도 자주 망하는 창업가였으며, 이 교회 성도였다고 한다.

그는 목사님께 "나중에 돈 벌면 제가 우유배달은 책임지겠습니다"라고 말했다. 하도 자주 망해서 김봉진 씨가 새로 개업 예배를 드려달라고 요청할 때마다 목사님은 민망했다. 여섯 번째 개업 예배 때 창세기 이삭의 말씀을 전했고, 김봉진 씨는 결국 배달 앱으로 성공했다. 우유배달 때문에 애플리케이션 이름이 배달의 민족은 아니었겠지만, 2011년부터 한 달에 500만 원씩 우유배달을 후원했는데, 결국 배달의 민족으로 사업에 성공했다는 게 신기해서 웃음이 나오기까지 했다.

## "(사)어르신의 안부를 묻는 우유배달"

배달의 민족에 투자했던 골드만삭스에서는 진짜 김봉진 씨가 우유배달에 500만 원씩 후원한 게 맞냐고 회계상 확인을 위해 목사님을 찾아왔다. 그리고 우유배달 스토리에 감동받아 골드만삭스 15명의 이사들이 1만 달러씩 후원을 했다고 한다. 15만 달러, 그러니까 우리 돈으로 1억 8,000만 원의 현금이 생긴 목사님이 김봉진 씨와 함께 설립한 사단법인이 '(사)어르신의 안부를 묻는 우유배달'이다.

매일유업이 '소화가 잘되는 우유' 매출액의 1%를 이 단체에 후원하는 캠페인을 벌여서 칸 어워드를 수상하기도 했다. '소화가 잘되는 우유'의 일 년 매출액이 850억 원이라, 지금 8억 5,000만 원의 정기적인 후원을 하는 후원처도 생긴 셈이다.

더 놀라운 것은 사단법인 이름에서 알 수 있듯이 2007년 무렵부터 사회적으로 이슈가 되었던 어르신들의 고독사 문제도 우유배달을 활용해 해결하고 있다는 것이다.

가난한 어르신들 우유라도 드시게 하고 싶다고 시작한 일이, 고독사 문제도 해결하는 캠페인과 사단법인으로까지 확장된 것이 놀랍다. 무엇보다 기억에 남았던 건 애초 무상 우유배달이 누군가가 목사님에게 주었다던 2,000만 원에서 시작되었다는 것이다. 하나님의 테스트라고 생각하고 남을 위해 쓰기로 했던 2,000만 원이 지금은 수십만 명의 후원자와 노인을 연결하고 사회 문제에까지 선한 영향을 끼치고 있다.

집으로 돌아오는 길, 현실판 오병이어(伍餅二魚)의 기적을 듣고 마음이 따뜻해졌다. 세상은 결국 무엇을 내어놓는지의 싸움이라는 생각이 들었다. 나는 작더라도 무엇을 내어놓을 수 있는지 고민해 봤다. 우선 지금까지 생각했던 것들을 정리해서 책으로 내는 것도 내가 할 수 있는 작은 내어놓음이리라. 이 책이 세상에 나온 이유다. 우리 모두 무엇을 내어놓을 수 있는지 생각해 보자. 그리고 작더라도 그것을 실천해 보자. 고민만 하는 사람으로 끝나지 않는 것. 작더라도 무언가를 내어놓는 것. 그것이 지금 우리가 시작할 수 있는 크리에이티브다.